中公文庫

関東大震災　文豪たちの証言

石井正己編

中央公論新社

目次

VI

関東大震災　文豪たちの証言

I

詩人たちの関東大震災

震災

永井荷風

今の世のわかき人々
われにな問いそ今の世と
また来る時代の芸術を。
われは明治の児《こ》ならずや。
その文化歴史となりて葬られし時
わが青春の夢もまた消えにけり。
団菊《だんきく》はしおれて桜痴《おうち》は散りにき。〔九代市川団十郎と五代尾上菊五郎〕〔福地桜痴〕
一葉《いちよう》落ちて紅葉《こうよう》は枯れ〔樋口一葉〕〔尾崎紅葉〕
緑雨《りょくう》の声も亦《また》絶えたりき。〔斎藤緑雨〕
円朝《えんちょう》も去れり紫蝶《しちょう》も去れり。〔三遊亭円朝〕〔初代柳家紫朝〕
わが感激の泉とくに枯れたり。
われは明治の児なりけり。

或《ある》年大地俄《にわか》にゆらめき
火は都を燬《や》きぬ。
柳村先生《りゅうそんせんせい》既になく　〔上田敏〕
鷗外漁史《おうがいぎょし》も亦姿をかくしぬ。　〔森鷗外〕
江戸文化の名残烟《けむり》となりぬ。
明治の文化また灰となりぬ。
今の世のわかき人々
我にな語りそ今の世と
また来む時代の芸術を。
くもりし眼鏡ふくとても
われ今何をか見得《みう》べき。
われは明治の児ならずや。
去りし明治の世の児ならずや。

（『偏奇館吟草』筑摩書房、一九四八年。『荷風全集　第二〇巻』〔岩波書店、一九九四年〕による）

近日所感

萩原朔太郎

朝鮮人あまた殺され
その血百里の間に連なれり
われ怒りて視る、何の惨虐ぞ

(『現代』第五巻第二号、一九二四年二月。『萩原朔太郎全集　第三巻』〔筑摩書房、一九七七年〕による)

用意はいいか

武者小路実篤

一昨日
貧乏画家で
細君が洋服をつくって生活している
病身の友達が来た。
一目見るより
之《これ》は飯の食えない人間だなと思った。
いつもの快活さは全くなく
食う目あてを失なった人間の
とげとげしさが
顔や言葉に露骨にあらわれていた。
「家を焼かれた人は

ともかく米がもらえるので
食ってゆけますが
私達のような
地震にあっても
借家はやかれず、
そのくせあずけた品はやかれ
食う道を失なった人間は可哀そうです。
一粒の米ももらえず、
そして現金でないと何にも買えないのです。
私達のまわりには
同じような家が
三十軒程あるのですが
その内で職業を失わない者は
三人位《くら》いのものです。
皆どうしていいかわからないのです。
何でもやる気ではいるのですが、
自分の手にあう仕事は何にも見つからず。

食うあてが全くないのです。
このままではすむまい
何か恐ろしいことが起るだろうと
よるとさわると皆で云っています。
恐ろしいことが起っても
すぐ食えるとはゆかないでしょう。
だがこのままでは食えない人許《ばか》りが
だんだんふえてゆくから仕方がありません
今にどうなるでしょう」

本当にどうしたらいいかわからない
野良犬的の表情をしている。
ひょうきんな処のある友も
今日は一向そう云う処は見せない。
実際餓えたものに楽天家になれと云ってもそれは無理だ。
食うあてのないものに
平和な心をもてと云ってもそれは無理だ。

人間は食えないではへこたれるように出来ている。
焼け出されには食えるものにも
米を与えて
火事のために事実食えなくなった人でも
自分の借家が焼けない人には
一粒の米も与えないのはよくない。
今度の地震や火事で食えなくなったものが
どの位いあるだろう。
其処《そこ》からこそ
何か生れて来なければならない。
それはなんだ
ともかく人間は生きる道を見出《みいだ》せないでは、
安心は出来ないものだ
死んでもいいとは中々思えなく出来ている。
すんだことはやむを得ないが、
来ることには出来るだけ用意をせねばならぬ。
用意はいいか、

用意はいいか。
人々がすなおに生きられる世界、
それがくるよう、
用意はいいか、
用意は。

（二三、一〇、一八）

（詩話会編『震災詩集　災禍の上に』新潮社、一九二三年一一月）

Ⅱ　災害を見つめる文豪たち

日録

室生犀星

八月三十一日

駿《する》河《が》台《だい》の濱田病院に行き生後四日のわが子を見る。女なれば朝子《あさこ》と命名す。妻〔とみ子〕もともに健かなり。

九月一日

地震来る。同時に夢中にて駿台なる妻子を思う。——神明町に出《い》で甥〔小畠吉種〕とともに折柄走り来る自動車を停《と》め、団子坂まで行く、非常線ありて已《や》むなく引き返す。とき一時半也《なり》。

家内一同ポプラ倶楽部に避難す。芥川君〔芥川龍之介〕、渡邊君〔渡邊庫輔《くらすけ》〕に見舞わる。

夕方使帰りて妻子の避難先き不明なりと告ぐ。病院は午後三時ごろに焼失せるがごとし。

或いは上野の山に避難したるかも知れず、されど産後五日目にては足腰立つまじと思う。

——駿台、広小路、本郷一丁目総《すべ》て焼けたりと聞く。されど空しく上野の火をながめるのみ。

夜ポプラ倶楽部にて野宿す。一睡なきほどに露にてからだ濡れたり。肺にて病める一家三人の一本の傘に露を避け、人々と離れて避難せるがあり、――また夜もすがら老媼《ろうおう》の合掌して火の手あがる空を拝《おが》めるなどあり、上野あたりの煙の鼻に沁《し》みてえぐさ言わん方なし。

二日

早朝、お隣りの秋山、百田《ももた》〔宗治《そうじ》〕、甥、車やさんの五人づれにて上野公園を捜す、――満山の避難民煮え返るごとし。正午近く美術協会に避難中の妻と子と合う。妻は予が迎え遅き為め死にしにあらざりしかと云う。

上野桜木町に出で宇野君〔宇野浩二〕宅にて水を乞いしかど、引越し中にて果さず、隣家にて産婦に水を与う。――帰らんとして宇野君に会う。田端《たばた》へ避難したまえと言い別る。

晩宇野君二十人の同勢にて来る。

三日

ともかく産婦と子供だけを国へかえさんと思い、俥《くるま》の蹶《け》込《こ》みに米を用意して赤羽《あかばね》指して行く、途中暑気のためにみな疲る。

赤羽は二三万の避難人河口に蝟集《いしゅう》す。今日汽車に乗らんこと思いもよらず、とかくせるうち雨ふり日暮れる、――一同途方に暮れていしに、十六七の少女のありて、我が家の座敷空いて居れば来《きた》りて憩《やす》みたまえと言う。一同黙然として娘さんに連れ立つ、――別荘風な家にて小田切和一と表札に書かれてある、——主人出で来り此宵《こよい》泊りたまえという。予と妻、甥、女中、車やの五人泊まることになる。白飯のお握り出でしとき皆この家の主人の好意に泪《なみだ》ぐむ。

四日

早朝、岩淵の渡しを見るに、もはや人で一杯なり。産婦子供など列車に乗らんは命を棄てるも同様なりと通行の人々云う。

一同再び田端にかえらんことを思い、甥をして田端を見にやる。平穏也と告ぐ——時は日没に近ければ仕方なく此宵も泊ることになる。夕食に梨かじりつつ寝る。この家にも米なきごとし。

銃声と警鐘絶え間なし。

五日

親切なる小田切氏に別れ汽車に乗る。

四五人の消防夫産婦と子供とをかこみ保護して呉《く》れる。しかもこの非常時にさえ産婦のそばに人波の押し寄せることを食い止めくれしため、ようやく窒息をまぬがる。

田端へ着き産婦ようやく疲る。

生後八日目の子供は上野の火にあい、赤羽まで行きしが其《その》疲れもなくゆめうつつに微笑《わら》えり。さきに亡くせしかば〔前年の長男の豹《ひょう》太郎《たろう》の死去を指す〕こんどはどうにかして育てんと想う。世に鬼はなしの言葉ようやく身に沁《し》む。

六日

福士幸次郎君来る。君が家は深川なるによくも助かりしものかなと相顧みて言葉なし。

改造社の上村《かみむら》君〔上村清敏《きよとし》〕来る。何か是非かけといわれしも断わる。何をか書かんものぞ。——佐藤春夫無事なることを知る。惣之助《そうのすけ》〔佐藤惣之助〕は如何《いかん》と思う。

藤澤清造君来る。君は事変あるごとにいち早く来たらん人なるに、こんどはあまりに遅れたるため危からんと思いしなりと、これまた無事を喜び合う。

七日

堀辰雄君来る、本所なれば母〔志気《しげ》〕を亡くせしという。父〔養父の上条松吉〕は隅田川の石垣にしがみつき漸《ようや》く助かりしという。十九の美青年この一夜にて二十一二歳に見ゆ。ともに泪なくして語るべからず。

上村君再び来り書くことを命ず。きょう一日にて十五里〔六〇キロメートル〕歩けりという君の顔を見て書くことを約束す。

八日

芥川君宅に行く、ともに動坂に行き食料品とクレオソードを買う。

夜、産婦発熱、下島先生〔下島 勲《いさおし》〕提灯して来りたまう。オリザニン注射をこころむ。——国元には九月一日を以《もっ》て命日として仏花怠りなき由《よし》伝えらる。

九日

汽車の乗客静まり次第に帰国せんことを家内と相談す。郷里あるものの此《こ》の弱き心せんなけれ。——行きて己《おの》が身にふさわしき暮しを為《な》さんかな。

藤澤清造君来る。わが家に留まることを勧めしかど、下宿にて暮らさんと言う。文章倶楽部記者来る。

中央公論の木佐木《きさき》君〔木佐木勝〕来る。

十日

午前六時佐藤春夫君来る。昨夜日暮里に野宿せしと言う。おたがい無事なりしことを語り、諸行無常の談尽きず、佐藤君一《ひ》と先《ま》ず大阪に行かんと言う。予も又た帰国せんことを語る、——午後一と先ず麹町の弟君のところへ行かんという。再会を約して別る。

（『改造』第五巻第一〇号、一九二三年一〇月）

露宿

泉 鏡花

二日の真夜中——せめてただ夜の明くるばかりをと、一時千秋《ひとときせんしゅう》の思《おもい》で待つ——三日の午前三時、半《なか》ばならむとする時であった。……

殆《ほとん》ど、五分置き六分置きに揺返《ゆりかえ》す地震を恐れ、また火を避け、はかなく焼出された人々などが、おもいおもいに、急難、危厄《きやく》を遁《に》げのびた、四谷見附《よつやみつけ》そと、新公園の内外《うちそと》、幾千万の群集は、皆苦《にが》き睡眠《ねむり》に落ちた。……残らず眠ったと言っても可《い》い。荷と荷を合せ、ござ、莚《むしろ》を隣《となり》して、外濠《そとぼり》を隔てた空の凄《すさま》じい炎の影に、目の及ぶあたりの人々は、老《おい》も若きも、算を乱して、ころころと成って、萎《なえ》たように皆倒れて居た。

——言うまでの事ではあるまい。昨日……大正十二年九月一日午前十一時五十八分に起った大地震このかた、誰《たれ》も一睡もしたものはないのであるから。

麹町《こうじまち》、番町《ばんちょう》の火事は、私たち隣家二三軒が、皆跣足《はだし》で遁出《にげだ》して、此《こ》の片側の平家《ひらや》の屋根から、瓦《かわら》が土煙を揚げて崩《くず》るる向側《むこうがわ》を駆抜けて、いくらか危険の少なそうな、四角《よつかど》を曲った、一方が広庭を囲んだ黒板塀《くろいたべい》で、向側が平家の押潰《おしつぶ》れても一二尺〔約三〇～六〇センチメートル〕の距離はあろう、其《そ》の黒塀に真俯向《まうつむ》けに取り縋《すが》った。……手のまだ離れない中《うち》に、さしわたし一町〔約一一〇メートル〕とは離れない中六番町《なかろくばんちょう》から黒煙を揚げたのがはじまりである。――同時に、警鐘を乱打した。が、恁《か》くまでの激震に、四谷見附の、高い、あの、火の見の頂辺《てっぺん》に、活《い》きて人があろうとは思われない。私たちは、雲の底で、天が摺半《すりばん》鐘を打つと思って戦慄《せんりつ》した。――「水が出ない、水道が留《と》まった」と言う声が、其処《そこ》に一団に成って、足と地とともに震《ふる》える私たちの耳を貫いた。息つぎに水を求めたが、火の注意に水道の如何《いかん》を試みた誰かが、早速に警告したのであろう。夢中で誰とも覚えて居ない。其《そ》の間近な火は樹《き》に隠れ、棟に伏《ふせ》って、却《かえ》って、斜《ななめ》の空はるかに、一柱の炎が火を捲《ま》いて真直《まっすぐ》に立った。続いて、地軸も砕くるかと思う凄《すさま》じい爆音が聞こえた。婦《おんな》たちの、あっと言って地に領伏《ひれふ》したのも少くない。その時、横町を縦《たて》に見通しの真空《まそら》へ更《さら》に黒煙が舞起《まいおこ》って、北東の一天が一寸〔約三センチメートル〕を余さず真暗《まっくら》に代ると、忽《たちま》ち、どどどどどどどどと言う、陰々たる律を帯びた、重く凄《すご》い、殆ど形容の出来ない音が響いて、炎の筋を畝《うね》らした可恐《おそろし》い黒雲が、更に煙の中を波がしらの立つ如《ごと》く、烈風に駆廻《かけまわ》る！……ああ迦具土《かぐつち》の神の鉄車を駆《か》って大都会を焼亡す車輪の轟《とどろ》くかと疑われた。――「あれは何の音でしょうか。」――「然《さ》よう何の音でしょうな。」近隣《ちかどなり》の人の分別だけでは足りない。其処《そこ》に居合わせた禿頭白髯《とくとうはくぜん》の、見も知らない老紳士に聞く、私の声も震えれば、老紳士の唇《くちびる》の色も、尾花《おばな》の中に、たとえば、なめくじの這《は》う如く土気色《つちけいろ》に変って居た。

――前《まえ》のは砲兵工廠《ほうへいこうしょう》の焚《や》けた時で、続いて、日本橋本町に軒を連ねた薬問屋の薬ぐらが破裂したと知ったのは、五六日も過ぎての事。……当時のもの可恐《おそろし》さは、われ等《ら》の乗《のり》漾《ただよ》う地の底から、火焔《かえん》を噴《は》くかと疑われたほどである。が、銀座、日本橋をはじめ、深川、本所《ほんじょ》、浅草などの、一時《いちじ》に八ヶ所、九ヶ所、十幾ヶ所から火の手の上《あが》ったのに較べれば、山の手は扨《さ》て何でもないもののようである。が、それは後《のち》に言う事で。……地震とともに焼出した中六番町の火が、……いま言った、三日の真夜中に及んで、約二十六時間、尚お熾《さかん》に燃えたのであった。

しかし、其の当時、風は荒かったが、真南から吹いたので、聊《いささ》か身がってのようではあるけれども、町内は風上だ。差《さし》あたり、火に襲わるる懼《おそれ》はない。其処《そこ》で各自《めいめい》が、かの親不知《おやしらず》、子不知《こしらず》の浪《なみ》を、巌穴《いわあな》へ逃げる状《さま》で、衝《つ》と入っては颯《さっ》と出つつ、勝手元、居室《いま》などの火を消して、要心《ようじん》して、それに第一たしなんだのは、足袋《たび》と穿《はき》もので、驚破《すわ》、遁出すと言う時に、わが家《や》への出入りにも、硝子《がらす》、瀬戸ものの欠片《かけら》、折釘《おれくぎ》で怪我をしない注意であった。そのうち隙《すき》を見て、椽台《えんだい》に、薄べりなどを持出した。何が何《ど》うあろうとも、今夜は戸外《おもて》にあかす覚悟して、まだ湯にも水にもありつけないが、吻《ほっ》と息をついた処へ――

前日みそか、阿波《あわ》の徳島から出京した、濱野英二《はまのえいじ》さんが駆けつけた。英語の教鞭を取る、神田三崎町の第五中学へ開校式に臨んだが、小使《こづかい》が一人梁《はり》に挫《ひし》がれたのと摺《す》れ違いに遁出したと言うのである。

あわれ、此《これ》こそ今度の震災のために、人の死を聞いたはじめであった。――ただ此《これ》にさえ、一同は顔を見合わせた。

内《うち》の女中の情《なさけ》で。……敢《あえ》て女中の情《なさけ》と言う。――此《こ》の際、台所から葡萄酒《ぶどうしゅ》を二壜《にびん》持出すと言うに到っては生命《いのち》がけである。けちに貯えた正宗《まさむね》は台所へ皆流れた。葡萄酒は安値《やす》いのだが、厚意《こころざし》は高価《たか》い。ただし人目がある。大道《だいどう》へ持出して、一杯でもあるまいから、土間へ入って、框《かまち》に堆《うずたか》く崩れつんだ壁土の中に、あれを見よ、蕈《きのこ》の生えたような瓶《びん》から、遁腰《にげごし》で、茶碗で煽《あお》った。言うべき場合ではないけれども、まことに天の美禄である。家内《かない》〔すゞ〕も一口した。不断一滴も嗜《たしな》まない、一軒となりの歯科の白井さんも、白い仕事着のままで傾けた。

これを二碗《ふたわん》と傾けた隣家の辻井《つじい》さんは向う顱巻膚脱《はちまきはだぬ》ぎの元気に成って、「さあ、こい、もう一度揺《ゆ》って見ろ。」と胸を叩《たた》いた。婦《おんな》たちは怨《うら》んだ。が、結句此《これ》がために勢《いきお》づいて、莫蓙椽台《ござえんだい》を引摺《ひきず》り引摺り、とにかく黒塀について、折曲って、我家々々《わがやわがや》の向うまで取って返す事が出来た。

襖障子《ふすましょうじ》が縦横に入乱れ、雑式《ぞうしき》家具の狼藉《ろうぜき》として、化性《けしょう》の如く、地の震《ゆ》るたびに立ち跳《おど》る、誰も居ない、我が二階家を、狭い町の、正面に熟《じっ》と見て、塀越《へいごし》のよその立樹《たちき》を廂《ひさし》に、桜のわくら葉のぱらぱらと落ちかかるにさえ、婦《おんな》は声を立て、男はひやりと肝を冷して居るのであった。が、もの音、人声さえ定かには聞取れず、たまに駆《かけ》る自動車の響《ひびき》も、燃え熾《さか》る火の音に紛れつつ、日も雲も次第々々に黄昏《たそが》れた。地震も、小《お》やみらしいので、風上とは言いながら、模様は何《ど》うかと、中六《なかろく》の広通りの市《いち》ケ谷《や》近い十字街へ出て見ると、一度やや安心をしただけに、口も利けず、一驚を吃《きっ》した。

半町ばかり目の前を、火の燃通《もえとお》る状《さま》は、真赤な大川の流るるようで、然《しか》も凪《な》ぎた風が北に変って、一旦九段上へ焼け抜けたのが、燃返って、然も低地から、高台へ家々の大巌《おおいわ》に激して、逆流して居たのである。

もはや、……少々なりとも荷もつをと、きょときょとと引返した。が、僅《わずか》にたのみなのは、火先《ひさき》が僅かばかり斜《ななめ》にふれて、下《しも》、中《なか》、上《かみ》の番町を、南はずれに、東へ……五番町の方へ燃進む事であった。

火の雲をかくした桜の樹立《こだち》も、黒塀も暗く成った。旧暦七月二十一日ばかりの宵闇《よいやみ》に、覚束《おぼつか》ない提灯《ちょうちん》の灯《ひ》一つ二つ、婦《おんな》たちは落人《おちゅうど》が夜鷹蕎麦《よたかそば》の荷に踞《かが》んだ形で、溝端《どぶばた》で、のどに支《つか》える茶漬を流した。誰《た》れひとり昼《ひる》食を済まして居なかったのである。

火を見るな、火を見るな、で、私たちは、すぐ其《そ》の傍《わき》の四角《よつかど》に彳《たたず》んで、突通《つきとお》しに天を浸す炎の波に人心地もなく酔って居た。

時々、魔の腕のような真黒な煙が、偉《おおい》なる拳《こぶし》をかためて、世を打ちひしぐ如くむくむく立つ。其処《そこ》だけ、火が消えかかり、下火《したび》に成るのだろうと、思ったのは空頼《そらだの》みで「ああ、悪いな、あれが不可《いけね》え。……火の中へふすぶった煙の立つのは、新しく燃えついたんで……」と通りかかりの消防夫《しごとし》が言って通った――

（――小稿……まだ持出した荷も解かず、框《かまち》をすぐの小間《こま》で……ここを草する時……

「何《ど》うしました。」

と、はぎれのいい声を掛けて、水上《みなかみ》さん〔水上滝太郎〕が、格子へ立った。私は、家内と駆出して、ともに顔を見て手を握った。――悉《くわし》い事は預《あずか》るが、水上さんは、先月三十一日に、鎌倉稲瀬川《いなせがわ》の別荘に遊んだのである。別荘は潰れた。家族の一人は下敷に成んなすった。が無事だったのである。――途中で出あったと言って、吉井勇《よしいいさむ》さんが一所《いっしょ》に見えた。これは、四谷に居て無事だった。が、家の裏の竹藪《たけやぶ》に蚊帳《かや》を釣って難を避けたのだそうである――）

――前のを続ける。……

其処《そこ》へ――

「如何《いかが》。」

と声を掛けた一人があった。……可懐《なつかし》い声だ、と見ると、弴《とん》さん〔里見弴〕である。

「やあ、御無事で。」

弴さんは、手拭《てぬぐい》を喧嘩被《けんかかむ》り、白地の浴衣《ゆかた》の尻端折《しりばしょり》で、いま遁出したと言う形だが、手を曳《ひ》いて……は居なかった。引添《ひきそ》って手拭を吉原《よしわら》かぶりで、艶な蹴出《けだ》しの褄端折《つまばしょり》をした、前髪のかかり、鬢《びん》のおくれ毛、明眸皓歯《めいぼうこうし》の婦人がある。しっかりした、さかり場の女中らしいのがもう一人後についていた。

執筆の都合上、赤坂の某旅館に滞在した、家は一堪《ひとたま》りもなく潰れた。——不思議に窓の空所《くうしょ》へ橋に掛った襖《ふすま》を伝《つた》って、上《あが》りざまに屋根へ出て、それから山王様《さんのうさま》の山へ遁上《にげあが》ったが、其処も火に追われて逃《のが》るる途中、おなじ難に逢って焼出されたため、道傍《みちばた》に落ちて居た、此の美人を拾って来たのだそうである。

正面の二階の障子は紅《くれない》である。

黒塀の、溝端の茣蓙《ござ》へ、然《さ》も疲れたように、ほっとくの字に膝《ひざ》をついて、婦連《おんなれん》がいたわって汲んで出した、ぬるま湯で、軽く胸をさすった、その婦《おんな》の風情は媚《なまめ》かしい。

やがて、合方《あいかた》もなしに、此の落人は、すぐ横町の有島《ありしま》家へ入った。ただで通す関所ではないけれど、下六《しもろく》同町内だから大目に見て置く。

次手《ついで》だから話そう。此《これ》と対《つい》をなすのは浅草の万《まん》ちゃん〔久保田万太郎〕である。お京さん〔京子〕が、円髷《まるまげ》の姉《あね》さんかぶりで、三才《みっつ》のあかちゃんを十の字に背中に引背負《ひっしょ》い、たびはだし。万ちゃんの方は振分《ふりわけ》の荷を肩に、わらじ穿《ばき》で、雨のような火の粉《ひこ》の中を上野をさして落ちて行くと、揉返《もみかえ》す群集が、

「似合います。」

と湧《わ》いた。ひやかしたのではない、まったく同情を表《ひょう》したので、

「いたわしいナ、畜生。」

と言ったと言う——真個《ほんとう》か知らん、いや、嘘《うそ》でない。此《これ》は私の内《うち》へ来て（久保勘《くぼかん》）と染めた印絆纏《しるしばんてん》で、脚絆《きゃはん》の片あしを挙げながら、冷酒のいきづきで御当人の直話《じきわ》なのである。

「何《ど》うなすって。」

少時《しばらく》すると、うしろへ悠然として立った女性《にょしょう》があった。

「ああ……いまも風説《うわさ》をして、案じて居ました。お住居《すまい》は渋谷だが、あなたは下町へお出掛けがちだから。」

と私は息せいて言った、八千代さん〔岡田八千代〕が来たのである。四谷坂町の小山内《おさない》さん〔小山内薫〕（阪地《はんち》滞在中）の留守見舞に、渋谷から出て来なすったと言う。……御主人〔岡田三郎助〕の女の弟子が、提灯《ちょうちん》を持って連立《つれだ》った。八千代さんは、一寸《ちょっと》薄化粧か何かで、鬢《びん》も乱さず、杖を片手に、しゃんと、きちんとしたものであった。

「御主人は？」

「……冷蔵庫に、紅茶があるだろう……なんか言って、呆《あき》れっ了《ちま》いますわ。」

是《これ》は偉い！……画伯の自若《じじゃく》たるにも我折《がお》った。が、御当人の、すまして、これから又渋谷まで火を潜《くぐ》って帰ると言うには舌を巻《ま》いた。

「雨戸をおしめに成らんと不可《いけ》ません。些《ちっ》とは火の粉が見えて来ました。あれ、屋根の上を飛びます。……あれがお二階へ入りますと、まったく危《あぶの》うございますで、ございますよ。」

と余所《よそ》で……経験のある、近所の産婆さんが注意をされた。

実は、炎に飽《あ》いて、炎に背《そむ》いて、此の火たとい家を焚《や》くとも、せめて清《すず》しき月出《い》でよ、と祈れるかいに、天の水晶宮の棟は桜の葉の中に顕《あら》われて、朱を塗ったような二階の障子が、いま其《そ》の影にやや薄れて、凄くも優しい、威《い》あって、美しい、薄桃色に成ると同時に、中天に聳《そび》えた番町小学校の鉄柱の、火柱の如く見えたのさえ、ふと紫にかわったので、消すに水のない劫火《ごうか》は、月の雫《しずく》が冷《さま》すのであろう。火勢は衰えたように思って、微《かすか》に慰められて居た処であったのに——

私は途方にくれた。——成程《なるほど》ちらちらと、……

「ながれ星だ。」

「いや、火の粉だ。」

空《そら》を飛ぶ——火事の激しさに紛れた。が、地震が可恐《おそろし》いため町にうろついて居るのである。二階へ上《あが》るのは、いのち懸《がけ》でなければ成らない。私は意気地なしの臆病の第一人である。然《そ》うかと言って、焚《も》えても構いませんと言われた義理ではない。

濱野さんは、其の元園町《もとそのちょう》の下宿の様子を見に行って居た。――気の毒にも、其の宿では沢山の書籍と衣類とを焚《や》いた。

家内と二人で、――飛込もうとするのを視《み》て、

「私がしめてあげます。お待ちなさい。」

白井さんが懐中電灯をキラリと点《つ》けて、そう言って下すった。私は口吃《くちきつ》しつつ頭《こうべ》を下げた。

「俺《わし》も一番《ひとつ》。」

で、来合わせた馴染《なじみ》の床屋の親方が一所《いっしょ》に入った。

白井さんの姿は、火よりも月に照らされて、正面の椽《えん》に立って、雨戸は一枚ずつがらがらと閉《しま》って行く。

此《こ》の勢《いきおい》に乗って、私は夢中で駆上って、懐中電灯の灯《あかり》を借りて、戸袋の棚から、観世音の塑像《そぞう》を一体、懐中し、机の下を、壁土の中を探って、なき父が彫《ほ》ってくれた、私の真《しん》鍮《ちゅう》の迷子札《まいごふだ》を小さな硯《すずり》の蓋《ふた》にはめ込んで、大切にしたのを、幸《さいわい》に拾って、これを袂《たもと》にした。

私たちは、其《それ》から、御所前の広場を志して立退《たちの》くのに間はなかった。火は、尾の二筋に裂けた、燃ゆる大蛇《おろち》の両岐《ふたまた》の尾の如く、一筋は前《さき》のまま五番町へ向い、一筋は、別に麹町の大通を包むで、此の火の手が襲い近《ちかづ》いたからである。

「はぐれては不可《いけな》い。」

「荷を棄《す》てても手を取るように。」

口々に言い交して、寂然《しん》とした道ながら往来《ゆきき》の慌《あわただ》しい町を、白井さんの家族ともろもに立退いた。

「泉さんですか。」

「はい。」

「荷もつを持って上げましょう。」

おなじむきに連立った学生の方が、大方居まわりで見知越《みしりごし》であったろう。言うより早く引担《ひっかつ》いで下すった。

私は、其の好意に感謝しながら、手に持ちおもりのした慾《よく》を恥じて、やせた杖《つえ》をついて、うつむいて歩行《ある》き出した。

横町の道の両側は、荷と人と、両側二列《ふたならび》の人のたたずまいである。私たちより、もっと火に近いのが先んじて此の町内へ避難したので、……皆茫然《ぼうぜん》として火の手を見て居る。赤い額、蒼《あお》い頬――辛うじて煙を払った糸のような残月と、火と、炎の雲と、埃《ほこり》のもやと、……其の間を地上に綴って、住める人もないような家々の籬《まがき》に、朝顔の蕾《つぼみ》は露も乾いて萎《しお》れつつ、おしろいの花は、緋《ひ》は燃え、白きは霧を吐いて咲いて居た。

公園の広場は、既に幾万の人で満ちて居た。私たちは、其の外側の濠《ほり》に向《むか》った道傍《みちばた》に、ようよう地のままの蓆《むしろ》を得た。

「お邪魔をいたします。」

「いいえ、お互様《たがいさま》。」

「御無事で。」

「あなたも御無事で。」

つい、隣に居た十四五人の、殆ど十二三人が婦人の一家は、浅草から火に追われ、火に追われて、ここに息を吐《つ》いたのだそうである。

見ると……見渡すと……東南に、芝《しば》、品川あたりと思うあたりから、北に千住浅草と思うあたりまで、此の大都の三面を弧《こ》に包んで、一面の火の天である。中を縫《ぬ》いつつ、渦《うず》を重ねて燃上って居るのは、われらの借家に寄せつつある炎であった。尾籠《びろう》ながら、私はハタと小用に困った。辻便所も何にもない。家内が才覚して、此の避難場に近い、四谷の髪結《かみゆい》さんの許《もと》をたよって、人を分け、荷を避けつつ辿《たど》って行く。……ずいぶん露路を入組んだ裏屋だから、恐る恐る、それでも、崩れ瓦の上を踏んで行きつくと、戸は開《あ》いたけれども、中に人気《ひとけ》は更にない。おなじく難を避けて居るのであった。

「さあ、此方《こっち》へ。」

馴染がいに、家内が茶の間へ導いた。

「どうも恐縮です。」

と、うっかり言って、挨拶《あいさつ》して、私たちは顔を見て苦笑した。

手を浄《きよ》めようとすると、白濁《しろにご》りでぬらぬらする。

「大丈夫よ――かみゆいさんは、きれい好《ず》きで、それは消毒が入って居るんですから。」

私は、とる帽もなしに、一礼して感佩《かんぱい》した。

夜が白んで、もう大釜で湯の摂待《せったい》をして居る処がある。

この帰途《かえり》に、公園の木の下で、小枝に首をうなだれた、洋傘《パラソル》を畳んだばかり、バスケット一つ持たない、薄色の服を着けた、中年の華奢《きゃしゃ》な西洋婦人を視《み》た。――紙づつみの塩煎餅《しおせんべい》と、夏蜜柑《なつみかん》を持って、立寄って、言《ことば》も通ぜず慰めた人がある。私は、人のあわれと、人の情《なさけ》に涙ぐんだ――。今も泣かるる。

二日――此の日正午のころ、麹町の火は一度消えた。立派に消口《けしぐち》を取ったのを見届けた人があって、もう大丈夫と言う端に、待構えたのが皆帰支度《かえりじたく》をする。家内も風呂敷包を提《さ》げて駆け戻った。女中も一荷背負《しょ》ってくれようとする処を、其処が急所だと消口を取った処から、再び、猛然として煤《すす》のような煙が黒焦《くろこ》げに舞上った。渦も大《おおき》い。巾《はば》も広い。尾と頭《あたま》を以《も》って撃《う》った炎の大蛇《おろち》は、黒蛇に変じて剰《あまつさ》え胴中を畝《うね》らして家々を巻きはじめたのである。それから更に燃え続け、焚《や》け拡《ひろ》がりつつ舐《な》め近づく。

一度内へ入って、神棚と、せめて、一間《ひとま》だけもと、玄関の三畳の土を払った家内が、又此の野天《のでん》へ遁戻った。私たちばかりでない。――皆もう半ば自棄《やけ》に成った。

もの凄いと言っては、濱野さんが、家内と一所に何か鑵詰《かんづめ》のものでもあるまいかと、四谷通へ夜に入って出向いた時だった。……裏町、横通りも、物音ひとつも聞こえないで、静まり返った中に、彼方此方《あちらこちら》の窓から、どしんどしんと戸外へ荷物を投げて居る。火は此処の方が却って押《おし》つつまれたように激しく見えた。灯《ひ》一つない真暗な中に、町を歩行《ある》くものと言っては、まだ八時と言うのに、殆ど二人のほかはなかったと言う。

鑵詰どころか、蠟燭《ろうそく》も燐寸《マッチ》もない。

通りかかった見知越の、みうらと言う書店の厚意で、茣蓙を二枚と、番傘を借りて、砂の吹きまわす中を這々《ほうほう》の体《てい》で帰って来た。で、何につけても、殆どふて寝でもするように、疲れて倒れて寝たのであった。

却説《さて》——その白井さんの四歳《よっつ》に成る男の児《こ》の、「おうちへ帰ろうよ、帰ろうよ。」と言って、うら若い母さんとともに、私たちの胸を疼《いた》ませたのも、その母さんの末の妹の十二に成るのが、一生懸命に学校用の革鞄《かばん》一つ膝に抱いて、少女のお伽《とぎ》の絵本を開けて、「何です、こんな処で。」と、叱《しか》られて、おとなしくたたんで、ほろりとさせたのも、宵《よい》の間《ま》で。……今はもう死んだように皆睡《ねむ》った。——

深夜。

二時を過ぎても鶏《とり》の声も聞こえない。鳴かないのではあるまい、燃え近づく火の、ぱちぱちぱち、ごうごうどッと鳴る音に紛《まぎ》るるのであろう。唯《ただ》此時、大路を時に響いたのは、粛然《しゅくぜん》たる騎馬のひづめの音である。火のあかりに映るのは騎士の直剣《ちょくけん》の影である。二人三人ずつ、いずくへ行くとも知らず、いずくから来るとも分《わ》かず、とぼとぼした女と男と、女と男と、影のように辿《ただよ》い徜徉《さまよ》う。

私はじっとして、又ただひとえに月影を待った。

白井さんの家族が四人、——主人はまだ焼けない家を守ってここにはみえない——私たちと、……濱野さんは八千代さんが折紙をつけた、いい男だそうだが、仕方がない。公園の囲《かこみ》の草畝《くさあぜ》を枕にして、うちの女中と一つ毛布にくるまった。これに隣《とな》って、あの床屋子《とこやし》が、子供弟子づれで、仰向《あおむ》けに倒れて居る。僅《わずか》に一坪たらずの処へ、荷を左右に積んで、此の人数である。もの干棹《ほしざお》にさしかけの莫蓙の、しのぎをもれて、外にあふれた人たちには、傘をさしかけて夜露を防いだ。

が、夜風も、白露も、皆夢である。其の風は黒く、其の露も赤かろう。

唯《ト》、ここに、低い草畝の内側に、露とともに次第に消え行く、提灯の中に、ほの白く幽《かすか》に見えて、一張の天幕《テント》があった。——昼間赤い旗が立って居た。此の旗が音もなく北の方へ斜《ななめ》に靡《なび》く。何処《どこ》か大商店の避難した……其の店員たちが交代に貨もつの番をするらしくて、くれ方には七三の髪で、真白で、この中で友染模様《ゆうぜんもよう》の派手な単衣《ひとえ》を着た、女優まがいの女店員、二三人の姿が見えた。——其の天幕《テント》の中で、此の深更に、忽《たちま》ち笛を吹くような、鳥の唄《うた》うような声が立った。

「……泊って行けよ、泊って行けよ。」

「可厭《いや》よ、可厭《いや》よ、可厭《いやあ》よう。」

声を殺して、

「あれ、おほほほほ。」

やがて接吻《キス》の音がした。天幕《テント》にほんのりとあかみが潮《さ》した。が、やがて暗く成って、もやに沈むように消えた。魔の所為《なすわざ》ではない、人間の挙動《ふるまい》である。

私は此《これ》を、難ずるのでも、嘲《あざ》けるのでもない。況《いわん》や決して羨《うらや》むのではない。寧《むし》ろ其の勇気を称《たた》うるのであった。

天幕《テント》が消えると、二十二日の月は幽《かすか》に煙を離れた。が、向う土手の松も照らさず、此の莫蓙の廂《ひさし》にも漏れず、煙を開《ひら》いたかと思うと、又閉《とざ》される。下へ、下へ、煙を押して、押分けて、松の梢にかかるとすると、忽ち又煙が、空へ、空へとのぼる。斜面の玉女《ぎょくじょ》が咽《むせ》ぶようで、悩ましく、息ぐるしそうであった。

衣紋《えもん》を細く、円髷《まげ》を、おくれ毛のまま、ブリキの鑵に枕して、緊乎《しっか》と、白井さんの若い母さんが胸に抱いた幼児《おさなご》が、怯《おび》えたように、海軍服でひょっくりと起きると、ものを熟《じっ》と視て、みつめて、むくりと半ば起きたが、小さい娘さんの胸の上へ乗って、乗ると辷《すべ》って、ころりと俵にころがって、すやすやと其のまま寝た。

私は膝をついて総毛立《そうけだ》った。

唯今、寝おびれた幼《おさない》のの、熟《じっ》と視《み》たものに目を遣ると、狼《おおかみ》とも、虎とも、鬼とも、魔とも分らない、凄《すさま》じい面《つら》が、ずらりと並んだ。……いずれも差置いた荷の恰好《かっこう》が異類異《い》形《ぎょう》の相を顕《あら》わしたのである。

最も間近かったのを、よく見た。が、白い風呂敷の裂けめは、四角にクワッとあいて、しかも曲《ゆが》めたる口である。結目《むすびめ》が耳である。墨絵の模様が八角の眼《まなこ》である。たたみ目が皺《しわ》一つずつ、いやな黄味を帯びて、消えかかる提灯の影で、ひくひくと皆揺れる、狒々《ひひ》に似て化猫である。

私は鵺《ぬえ》と云うは此《これ》かと思った。

其の隣、其の隣、其の上、其の下、並んで、重《かさな》って、或《あるい》は青く、或は赤く、或は黒く、凡《およ》そ臼《うす》ほどの、変な、可厭《いや》な獣《けもの》が幾つともなく並んだ。

皆可恐《おそろし》い夢を見て居よう。いや、其の夢の徴《しるし》であろう。

其の手近なのの、裂目の口を、私は余りの事に、手でふさいだ。ふさいでも、開く。開いて垂れると、舌を出したように見えて、風呂敷包が甘渋《あましぶ》くニヤリと笑った。

続いて、この獣の面《つら》も皆笑った。

爾時《そのとき》であった。あの四谷見附の火《ひ》の見《み》櫓《やぐら》は、窓に血をはめたような両眼を瞬《みひら》いて、天に冲《ちゅう》する、素《す》裸《はだか》の魔の形に変じた。

土手の松の、一樹《いちじゅ》、一幹《いっかん》、啊吽《あうん》に肱《ひじ》を張って突立《つった》った、赤き、黒き、青き鬼に見えた。が、あらず、それも、後に思えば、火を防がんがために粉骨したまう、焦身《しょうしん》の仁王《におう》の像であった。

早や、煙に包まれたように息苦しい。

私は婦人と婦人との間を拾って、密《そっ》と大道の夜気に頭《あたま》を冷そうとした。――若い母さんに触るまいと、ひょいと腰を浮して出た、はずみに、此の婦人の上にかざした蛇目傘《じゃのめがさ》の下へ入って、頭《あたま》が支《つか》えた。ガサリと落すと、響《ひびき》に、一時《ひととき》のうつつの睡《ねむり》を覚すであろう。手を其の傘に支えて、ほし棹《ざお》にかけたまま、ふらふらと宙に泳いだ。……この中でも可笑《おかし》い事がある。

――前刻、草あぜに立てた傘《かさ》が、パサリと、ひとりで倒れると、下に寝た女中が、

「地震。」

と言って、むくと起返る背中に、ひったりと其の傘をかぶって、首と両手をばたばたと動かした……

いや、人ごとではない。

私は露を吸って、道に立った。

火の見と松との間を、火の粉が、何の鳥か鳥とともに飛び散った。

が、炎の勢《いきおい》は其の頃から衰えた。火は下六番町を焼かずに消え、人の力は我が町を亡

ぼさずに消した。

「少し、しめったよ。起きて御覧、起きて御覧。」

婦人たちの、一度に目をさました時、あの不思議な面《めん》は、上﨟《じょうろう》のように、翁《おきな》のように、稚児《ちご》のように、和《なご》やかに、やさしく成って莞爾《にっこり》した。

朝日は、御所の門に輝き、月は戎剣《じゅうけん》の閃影《せんえい》を照らした。

――江戸のなごりも、東京も、その大抵は焦土と成《な》んぬ。ながき夜の虫は鳴きすだく。茫々《ぼうぼう》たる焼野原に、いかに虫は鳴くであろうか。私はそれを、人に聞くのさえ憚《はばか》らるる。しかはあれど、見よ。確《たしか》に聞く。浅草寺の観世音は八方の火の中に、幾十万の生命《いのち》を助けて、秋の樹立《こだち》もみどりにして、仁王門、五重の塔とともに、柳もしだれて、露のしたたるばかり厳《おごそか》に気高く焼残った。塔の上には鳩が群れ居、群れ遊ぶそうである。尚《な》お聞く。花屋敷の火をのがれた象は此の塔の下に生きた。象は宝塔を背にして白い。

普賢《ふげん》も影向《ようごう》ましますか。

若有持是観世音菩薩名者《じゃくうじぜかんぜおんぼさつみょうしゃ》。

設入大火《せつにゅうたいか》。火不能焼《かふのうしょう》。

由是菩薩《ゆぜぼさつ》。威神力故《いじんりきこ》。

(『女性』第四巻第四号、一九二三年一〇月。『七宝の柱』〔新潮社、一九二四年〕による)

炎上する二都市を横断して

ポール・クローデル

樋口裕一訳

横浜は全滅だった。海岸から神奈川の丘の連なりにいたるまで、桜木町付近に、一軒の家が陶器のようにきらきら輝く塊《かたまり》を無器用にもたげているきりで、それを除けば何ひとつない。絹の都は滅亡してしまっていた。白と黄のきらきらと輝いていた絹糸の桛《かせ》のうち、もはや、薄汚い泥にまみれた包みのいくつかと苦力《クーリー》が腰に結びつけていた総《ふさ》のいくつかが残っているばかりだ。日本にやって来た外国人たちの五十年来の成果のすべて——というのも、横浜を建設し、国内最大の港にしたのは、外国人にほかならないからだが——が、たかだか数時間で崩壊してしまったのである。個人的に見舞われた不幸を話す前に、フランス人が最初に私に言った言葉というのは、どれも、「絹は神戸に行くことになりそうだな」というものだった。外国人街も、泊り客であふれるふたつのホテル〔グランドホテルとオリエンタルパレスホテル〕のある波止場の家並も、何から何まで、最初の衝撃で打ちのめされていた。フランス領事館も、私の哀れな友デジャルダンを下敷きにして、文字どおり、倒壊していた。私は荷車の中に横たえられた彼を見付けた。顔はすでに黒ずんで膨れ上がり、脚はねじれている。靴とアンドレ・ルボン号の水兵がおおっておいた敷布は盗人に盗まれていた。悪臭を放つ煙の中で、古代バール神〔邪教神。このバール神への信仰にエホヴァが怒って、生けにえの竈《かまど》に火を放ったとされる〕に捧げられた呪いの竈のように黒焦げになった倉庫だけがあちこちに建つばかりだ。ふたつの防波堤も決壊しており、聞くところによると、海底までも変化したらしい。かくして、欧米人の功績は、何から何まで、崩れ落ちたというわけなのだ。――フランス人の大きな功績であったレ・ダーム・ド・サン・モール女子修道院とサン・ジョゼフ学院には、何ひとつ残っていない。修道女のうち十人は、礼拝堂の残骸に押しつぶされて亡くなっていた。右手には大きな黒煙の柱が見える。横須賀の大軍港で火事が起こっているのだ。左手の方向では、山のような靄《もや》の塊が赤い光で輝いている。この方向では東京が燃え上がっているのだ。

東京では、市内の四分の三が破壊され、四十万軒が倒壊し、百五十万人が焼け出され、その日のうちに、死者は七万人にのぼった。この地は首都であり、国の最重要の地であって、パリ以上に、あらゆる富、あらゆる原動力、あらゆる歓楽、あらゆる学問が集中している。いくつもの下町からなる歴史上の東京、そして、徳川家がここを要塞にする以前、江戸に初めて小屋が建つのを見守ってきた隅田川のほとりにあったという伝説上の葦《あし》の国である東京、その東京が、戦勝の死者を祭る青銅門〔靖国神社の青銅製の第二鳥居〕の建つ九段の丘に始まって、皇居を取り巻く巨大な城壁を経て、海にいたるまで、もはや、トタン板の散乱する赤味がかった灰の砂漠でしかないのだ。倒れずにいるいくつかのアメリカ風の大ビルディングの一団と、中心街をなす銀座の建物が並ぶ二つの列を除いて、視線を遮《さえぎ》るものなど何もありはしない。これらは、人間の作ったもの、すなわち、あの鉄と煉瓦でできた半ば人間化した存在に対して、まるで絞首台のように、火がどのような残虐と拷問の限りを課すことができるかを見せつけているかのようである。

ちりめん売りや金襴《きんらん》売《う》りの店も、骨董屋《こっとうや》が立ち並んで宝の山を集める仲通りも、飲食店と服飾店の町である日本橋や新橋も、学園の町神田も、帝国大学も、吉原《よしわら》と観音寺のある大衆歓楽街浅草も、そして、隅田川の対岸では、国技館のある両国も、そして、化学物質の煙が重く撒き散らされている中、惨めで諦めきった民衆がようやく均《なら》した水田の水面すれすれのところに住んでいたあの広大な地区も、あるいは、賤民の小屋や印鑑彫りの店、パイプ掃除人の馬車、それから、大劇場わきの金色の漆《うるし》や王侯の服などぎっしりと詰まった大倉《おおくら》集古館、床の間の奥に毎日、光琳《こうりん》だの雪舟《せっしゅう》だのの違った絵を掛けていた高級料亭、そうした、数え上げればきりのないあらゆるものが、火に包まれたのだ。アラリック「ゴートの王」のなした殺戮《さつりく》にも匹敵する犠牲を出して、かつての日本が将来の日本に席を譲るべく、一挙に消失してしまったわけだ。通りの真ん中にある市内電車には、柱と電線のからまった山のような屑鉄《くずてつ》が残っているにすぎない。火が大きく口を開けて、息を吐き出したのだ。池の水までが沸騰《ふっとう》したのだった。ベルギー人看護婦パルマンチエ嬢は、チフス患者を膝にのせて、火がせまり、煙のたちこめる地下室で夜を明かさねばならなかった。浅草の沼地では、二千人の女たちが焼死した。だが、もっとも大きな罠《わな》が待ち受けていたのは、本所だった。かつて軍事施設のあった広い空き地〔被服廠跡《ひふくしょうあと》〕に三万人の不幸な人々が逃げ場を求めたのだ。彼らは八方から火に取り囲まれて死んでいった。彼らの周りの黒くよどんだ水には、人間の油脂《ゆし》の層が浮かんでいる。それに、鉄筋コンクリートの小さな警察署では五人のうずくまったままの死体が残された。彼らは署を離れるよりは持ち場につくことを選んで燃え尽きた警官たちなのだ。

——九月一日は、旧の中国暦では二百十日にあたる。これは日本人が不安を抱いて待つ日付なのだ。この日が米の収穫を決定するからであり、ふつう、大きな台風の通過と重なるからでもある。日本は地球上の他のどの地域よりも、津波、暴風雨、噴火、地震、火事、洪水(注1)といった、何らかの天変地異にひっきりなしに晒《さら》された絶えざる危険と不安の国なのだ。この国の大地は堅固さというものをまるで持っていない。石と砂、溶岩と灰といったまちまちの物質の一時的に堆積した層に沿った柔らかい沖積土からなっており、それらの物質は、亜熱帯植物の強靭《きょうじん》な根によってつなぎ止められているにすぎない(注2)。私たちは、日本に到着してすぐから、この大地の揺れ、この足の下での唸《うね》り、この途絶えることのない火災に見舞われ、自分たちが、どうやら木や花の陰でうとうとしていたキュクロプス

〔ギリシャ神話の一つ目巨人〕の客人となってしまったらしいことに勘づいたのだった。日本人は危険な神秘に囲まれているという感覚を少しの間も失うことがないらしい。日本という国は、日本人に熱烈な愛を抱かせているようであるが、それは、信頼に満ちた愛ではなさそうだ。いつ何時《なんどき》も注意を払わねばならない。ここの人間は、とても尊敬されてはいるが、不幸にも癲癇《かんしゃく》を病んだ女を母に持った子どものようなものなのだ。彼が見つけられるのは、安全といっても、せいぜい動いている土地の上での安全策でしかない。つまり、できるだけ小さく、できるだけ軽くなって、細かく、重みがなく、ほとんど場所を取らない縄か蟻《あり》のようにでもなるしかないのだ。彼の家は、紙の仕切りでできた箱なのだ。宝物にしても手に持って袖に隠すことができるほどのものでしかない。地べたに座り、穴〔いろり〕の中で料理を作る。ここでは、少々の穀物と暖かい湯があればことたりる。彼の周りでは、あちこち開けっぱなしだ。私の見た引越は、どれもおしなべて、人々は、真っ先にタタミ（茣蓙《ござ》のようなもの）とショージ（紙の枠）を取りはずしていた。この畳や障子、それに何本かの柱と何枚かのトタン板、こうしたもののおかげで、人々はどこにでもしゃがみこみ、睡蓮《すいれん》の下の蛙ほどの安全と安楽を享ずることができるのである。（注3）そして、日本人は、家や家具を状況に適応させたのと同じように、心までも適応させてきたのだ。夜の東京、横浜間を長時間歩いた間も、生存者を収容する野営地で暮した間も、私は不平の声ひとつ耳にしなかった。人々は、気のふれた両親が脇の部屋であらん限りの放蕩《ほうとう》に耽《ふけ》っている家の子女のような、悲しみのこもった諦めを抱いていたのだ。聞いたところでは、上野の丘に上る避難民の中には、時々立ち止まって追いかけてくる火の海をながめる人々がいたという。そして、「きれいだ、すばらしいねえ！」という美しさをたたえる感嘆の声が聞こえたというのである。結局のところ、日本人の禁欲精神とは、儒教的な礼儀のひとつの形なのだ。アジアのような人口密度の高いところでは、《動きに用心すること》を学ばねばならなかったのである。唐突な動きや無礼に感情を爆発させることで、周りの人を困惑させたり、不快にさせたりしてはならないのだ。同じ小さな船の中にいる限り、みんなおとなしくしていなければならない。人込みの中で一時間も他人に足を踏まれていても、その男は不満も言わずにいることだろう。横須賀から鎌倉まで、妻とひとり息子を探す海軍士官と夜の旅をした話を同僚が語ってくれた。宿に到着してすぐに士官が平然とした穏やかな顔で戻ってくるのが見えたので、家族の消息を尋ねると、士官は、「ああ、ふたりとも死んでおりました」と答えて、よもやま話に加わっていったのだ。ほんの少しして、ただ、こう言っただけだった。「的はずれな答《こたえ》をしましたら、お許しください。少し興奮しておりますので」。残骸の下敷きになった犠牲者たちの叫びも、「ここだぞ、助けてくれ」というものではなく、「ドーゾ、ドーゾ、ドーゾ（お願いします）」という、慎ましやかな哀願だった。我が国のコルマール号の司令官が、旅順《りょじゅん》の当局者たちに、彼らの母国を襲っている天変地異のことを聞いたときも、司令官のふるまった昼食のさいちゅうで、彼らは愛想よく笑っていたという。三日後、コルマール号は横浜の前方に到着した。だが、十八時間前から、沖に留りながら、凄《すさ》まじい犠牲の臭いを吸い込むしかなかったのである。

——東京の深く入りこんだ湾は、日本の側面に、裂け目のようなものを形作っている。本島から崩れ落ちた岩盤が、そこで、海底のへこみの上に張り出し、絶えず太平洋の潮流と暴風雨にうたれながら、数世紀前から均衡を求めてきたのだが、その均衡は、これまで、どのような凄まじい地震によってももたらされずにきたのである。(注4)九月一日の地震は、これに比較できるものといえば、唯一、徳川の治世の末期、一八五五年に起こった安政の地震があるばかりだが、それをも、惨禍において、はるかに凌《しの》ぐものであった。二年前から、私たちはたびたび予震を感じていた。一九二一年の十二月八日と一九二二年四月二十日に、激しい揺れが、三十年前に東京のフランス大使館が置かれはしたものの、われらが行政機関とわれらが議会の節約精神によって再建許可がおりずにいた虫の食った小屋を揺るがし、ひびを入らせたのである。私は、事務室用に新しい部屋を建て増し、いわゆる本館を堅固な支柱で取り巻くようにする許可を取り付けていたのだが、そうした用心をしていなかったなら、私たちは、万事休したはずなのだ。

九月一日の正午（時刻を知らずにいられるはずがない。皇居の稜堡《りょうほう》にいる正午の号砲を打つ係官が、諸物の混乱に対しても、最後の審判のラッパを吹き鳴らすときほども動じることなく、一秒と違わずに、お決まりの爆音を加えたのである）、大地は足下で揺れ始めたのだ。《ジシン》が危険なのは、大きなものに限って小さく始まり、慣れた者でも、最初の瞬間から小刻みな動きが天変地異だとはかりかねて席を立つのをためらうことだ。だが、衝撃はすぐに凄まじい激しさになったので、私は外に飛び出した。あらゆるものが動いていた。大地が、怪物じみた、意志を備えた生命にかられて、突如として自分の周りで動き出すのを見るのは、何とも言えず恐ろしい。前にも言ったとおり、それはまるで、どこまでも頼りきっていた確かな人物が、突然、自分のためだけに行動しはじめ、私たちのことなどおかまいなしに妄想と苦悶《くもん》の痙攣《けいれん》に身をまかせたかのようなものなのだ。わが老朽大使館は、つっぱりの中で、まるでもやい綱《づな》で繋《つな》がれた舟のようにもがいていた。石膏や煉瓦《れんが》の標識板や瓦《かわら》があちこちで落ちた。だが、倒れない。私は、頑丈さを誇る気持ちになっていた。足下では大地が唸《うな》り声《ごえ》をあげていた。それは、木の箱に小石を入れて揺らしたときの大きな音にたとえるほかはない。衝撃、そしてまた、ひどい衝撃。ついで、徐々に静まる。だが、大地は鈍く震えるのをやめず、一定の時間をおいて、新たな発作がぶり返す。

　召使たち、とりわけアジア人の住居に使われているおびただしい数の使用人が、ひとりにつき何人もの血族を引き連れて我が家の中庭を埋めつくしていた。見ると、私の運転手が前日に出産した妻を背負っている。何年前からかは知らないが、ずっと前から大使館の守衛をしているかつての侍である老いたベテ〔別当か〕が、麻痺《まひ》をおして歩き、人の見分けもつかなくなった幽霊のようによろめいている。あちこちでフトン（カヴァー）や莫蓙や服を動かしており、仮の宿が整うところだ。私はというと、相変わらず治外法権に取り巻かれているかつての中国駐在外交官特有の呑気《のんき》さで、いっこう危険だという観念を持てずにいた。私は我が家に入った。あらゆるものが上に下にと散乱していた。だが、テーブルの上に散らばった、一年間の仕事の成果である原稿〔『繻子《しゅす》の靴《くつ》』の「第三日」〕を安全なところにしまっておくことなど思いつきもしなかった。

　ところが火事が起こって、方々で火柱が上がったのだ。それなのに、水路は寸断され、ポンプは残骸の下敷きになっており、風は嵐のように吹き荒れている。そのとき、首都上空を、まさに台風が通過していたのだ。やがて、私の住む神田（東京のカルチェ・ラタンというべき地）は火に包まれ、何人だかの死人を出して女子校が倒壊、私が行こうとしていたセント・ポール尼僧院には近付けなくなった。暁星会館を見に行こうとしたら、五時の時点では大丈夫だということだった。大使館の南側の地区はすべて人気《ひとけ》がなくなっており、火も風のために遠ざかりつつあった。北側では、私たちは、皇居広場に守られていた。もはやフランス大使館は、木と庭で時折、遮られるか細い家並で町とつながっているにすぎなかった。だが、ともあれ、私たちは無事だった。少なくとも、私はそう思い込んでいた。[注5]

ところで、わが同胞はどうなったのだろう。日本におけるフランスの利益のすべてを一手に握る横浜の三百人のフランス人は。そして、きれいではあるが壊れやすい家に怯《おび》えていた、我が友である領事のデジャルダンは。横浜は、これまでいつも、東京以上に地震に悩まされていたのだ。そしてまた、その横浜から遠からぬところにある逗子《ずし》の海岸にいる我が娘はどうなったのか。何もせずに待っていることに耐えられなくなって、私は航空武官であるテチュ少佐の運転する小型車に乗って出かけることにした。

――夜の九時になっていた。そのとき、私にも状況が飲み込めたのだ。二時間かけて、わりあい無傷のまま残った下町を横切っている間、私たちの前方で、夕陽の光線の中に、夏の晴れた日の《積雲》に似た、しかし、もっと大きく、もっと濃い雲がだんだん大きくなるのが見えていた。風に流されてゆっくり動くが、風で亀裂が入ることはない。同じような輝く山となった雲が私たちの後ろにも立ち昇っている。

橋が倒壊していたために、車は乗り捨てざるをえなくなり、私たちは夜の闇の中を歩いて進み続けた。ややあって、明るさが増してきた。そして、いきなり、私たちの前に、燃え上がる横浜の全景が開けたのだ。

その全景は、手前には、鎖状の燃える山となった石炭貯蔵所があり、奥では、いくつもの丘からなる半円がほぼ一様に熾火《おきび》のようになっており、その中にぽつぽつと一段と明るい炎が見えていた。そして、何平方キロメートルかはわからぬが、その間の一面が燃え上がっていたのだ！　過ぎようとする台風の最後の風が間欠的に吹くためにタンクの上に激しく煙が舞い上がる。時々爆音がして巨大な炎が空に立ち昇る。ガス・タンクが炸裂《さくれつ》して化学製品の貯蔵所に引火したのだ。（注6）そして、その間もずっと、群衆のおびただしいおしゃべりのような、とだえることのない、あの燃焼、あの、私たちみんなが暖炉で薪《まき》や乾いた柴の山をくべるときに聞いたことのある火の音が続いており、火は凄まじい早さと勢いで、焼き尽くすという仕事に精を出し、いつまでもその労働をやめようとしない。その夜は、何ひとつ火を免れられそうもなかった。

ひとつの大都市全体が、私の目の前で燃えているのだ。私はただ、一切を見つめていた。

私たちは、草いきれの中、鉄道の斜面に横たわった。大地は身体《からだ》の下で、まだ鈍く震えていた。時々強く揺れ、私たちを取り巻く長い編成の車両の列が大きな軋《きし》みをたててレールの間で振動する。左側には東京の巨大な赤があり、右側では、まさしく、最後の審判が下されている。そして、私たちの上には、火の粉と火花の河が流れてゆく。だが、だからといって、月が、満月といってもいい遅出の月が、この黄金の群島に昇るのを妨げはしなかったのだ。ややあって、今度は、空にオリオン座が出るのが見えた。この星座は、旅人の友であり、両半球を交代に訪れる空の旅人なのだ。月が軌道を回り始めた。月の手が、海上に、妙なる慰めを振りまいた。

――そうして、その日の未明、私たちは壊れた鉄道の線路とまるで透かし格子のようになった橋を通って、横浜に入ったのだ。ふたつの駅〔横浜駅と桜木町駅〕とも物の堆積でしかなく、私たちの前には、惨状を呈す光景を横切って、世界が初めて終末を迎えたころ、蛮人《ばんじん》の征服者の歩みを受け入れたときにすら、これほどではなかったと思われるような、破片と死体を撒《ま》き散らした街路が通じていた。私は同僚のひとりと出会ったが、すぐには彼とはわかりかねた。熱のために充血した眼の薔薇色《ばらいろ》の跡が目立つだけの、周りと変わらぬ泥のかたまりをなしているにすぎなかった。彼は、五万人の不幸な人々の群れに混じって公園の壊れた水道管の泥の中で夜を過ごしたのだ。だが、ここでは、本所よりは死は慈悲深かったと見えて、その五万人を連れ去りはしなかったのだ。だが、それにしても、死体、また死体と続いていた。服を身につけてもおらず、肌もはがれている。葡萄《ぶどう》の若枝のような赤と黒のねじれた形。郵便局の前には、荷を載せかけたトラックがあるが、運転手はハンドルの前で倒れ、助手は地面に伏している。私たちはヨーロッパ人街を横切った。煉瓦や煙をたてる梁《はり》などの瓦礫《がれき》の中に、壊れた切妻壁がいくつか立っている。銀行も店も、しばしば摘出を受けた臓器のように肝心な部分だけが残っているにすぎず、石の上に金庫だけが鎮座していたりする。焼けた物質や死体のものすごい臭いがたちこめる。私たちは海に着いた。崩れて寸断された防波堤を伝い、段状に並ぶ舟を通ってアンドレ・ルボン号の堂々たる城館にまで上るのは、とりわけ、戦争で片腕の自由を失った私の連れにとっては、並大抵の苦労ではなかった。やっとのことで到着し、私は、クーザン司令官と手を握り合う大いなる喜びを味わうことができたのだった。二年前、私を日本にまで運んでくれたのが彼だった。司令官は、パリの出であって、海でもサロンでも思いのままに振る舞える、繊細、かつ気品あふれる男性であって、彼にあっては、精力というのは、エレガンスのひとつの形にほかならない。彼は私に前日の印象を語ってくれたが、それによると、アメリカに向かうエンプレス号の出航に別れを告げるため大勢の防波堤を埋めていたが、いきなり衝撃が起こり、セメントと鉄の巨大な帯が、まるでかんなくずのようによじれ、群衆はみんな、突如としてたけり狂い始めた海の上下運動の中でもがきながら、防波堤にしがみついたり、海に落ちたりした、というのだった。同時に、波止場でも建物の列が倒れ、埃《ほこり》と煙の巨大な雲が舞い上がり、徐々に周りを覆《おお》っていった。そして、火事が起こって、一昼夜続く勢いだというのである。

　ところで、アンドレ・ルボン号は動けずにいるのだった。機関や揚錨機《ようびょうき》までも分解中であり、最重要の部品が地上にあるのだ。その上、信じ難いことに、海運会社の船には、モーター付き小型ボートは与えられず、救助は、献身的ではあるが不慣れな人員の操縦する重装備の舟艇《しゅうてい》を使って始まり、それが組織されていったにすぎなかった。我が国の美しい船は、救助を求める外国人、中国人、日本人などを隔てなく受け入れていた。医師は、怪我人が集められているイギリス船ドンゴーラ号に赴き、夜を徹して手術を行なっていた。

九月一日、二日の両日、このフランス船とエンプレス号によって救助の主たる行動が行なわれたことをここに記すのは、ほかのいかなる意図があるわけではなく、ひとえに、真実を尊重せんがためなのである。

私は上陸して、倒壊した領事館前に行った。その脇に、あの、フランクフルト時代のわが副領事「デジャルダン」の死体があったのだ。フランス人などの外国人が三々五々集まってきては、この種の天変地異につきものの悲惨な情景を目のあたりにしていた。妻を探す夫。目の前で娘が生きたまま焼けてゆくのを見て間のない父親。両脚を火傷《やけど》した二歳の捨て子。私たちがその子を見つけたのは、口におにぎりを頬張らせようとしている心やさしい日本人女性の腕の中だった。フランス人のひとりは、まさに墓場と化したこの一帯に妻の死骸を見つけたと思い込んでいた。私たちが彼に、アンドレ・ルボン号上で生きているのを見たと教えてやったのだった。マリア会の修道僧とサン・モールの修道女らが到着した。修道女らは礼拝堂の下敷きになった十人を失っていた。そして、私は、あのアメリカ人外交官のことは今後も忘れることはないであろう。そのアメリカ人は、髪をかき乱してわめく妻とともに突然私の前に立ち現われた。ふたりとも汚れきった不潔な服を着こみ、脚にもぼろの切れ端を付けており、生者というよりは、死衣の中の死者に近かった。男の話によれば、彼は五階から子どもを抱いて飛び降りたというのだ。彼は、宙を浮かんでいるような気分を味わって、怪我ひとつ負わなかった。そう言いながら、彼は、火事で焼けて真っ黒になった梨を、さも宝物でもあるかのように、私に差し出してくれたのだった。地震から身を守ろうと飛び出して、走っている車に引かれたが、ほとんど無傷ですんだというイタリア人もいた。

ボートは無器用ででたらめな櫂《かい》さばきながら、残骸や悲惨や苦痛という名の荷を運んでいた。ところが、二時ごろになって、新たな、恐ろしい危険が持ち上がった。朝から、港の各所に散在する石油タンクが引火していたのだが、停泊地にそれが流出し、やがて、海面にはべとべとして緑がかった膜《まく》ができたのだ。火の河が息を詰まらせる煙をあげて、操縦不能状態にあるアンドレ・ルボン号へと向かっていた。海からの風と漂流物でできた土手のために、初めは火の進行は阻《はば》まれていたが、やがて土手は屈し、風向きも変わって、炎を前方へと推し進めるようになった。少しして、アンドレ・ルボン号は煙に隠れて見えなくなった。私たちは胸を締め付けられる思いで最初の炎が吹き上がるのが見えるものと覚悟していた。ところが、奇跡とでも言おうか、不随だったはずの船が動き出していたのだ。司令官は脱出に成功したのだった。風が船を押しやった上、ラフィン氏という勇敢なアメリカ人が小舟に乗って、投げてよこされた太索《ロープ》を取り、ブイにつないだのだ。船は港外の安全地域まで曳航《えいこう》され、苦労の末、二千名の避難者を載せたこの商船は炎と闇の壁から五十メートルほど引き離されていた。しかも、その火の壁は突如として動かなくなっていた。感動的なすばらしい光景だった。私がわが同胞に誇りを抱いた。

――ふたたび、道を急いだ。痛ましい破片の浮かぶ油の河に沿い、生きた死者たちの野営地を抜け、人影がカロン〔黄泉の国に渡る川ステュクスの渡し守〕に渡すのに不足の小銭を探して灰の中を掻き回しているかのように見える廃墟を横切り、もはや炭になった梁だけで立っている橋を渡った。ところが、突然、恐ろしい風景は途絶えた。穏やかな緑の田園が広がり、生い茂った木立の間に穀物に埋め尽くされた谷が見える。いくつもの都市を破壊した地震も稲穂の海にまでは揺れを伝えられなかったと見える。二百十日を過ぎたが収穫は損害を受けてはいなかった。大きな葵《あおい》が藁《わら》ぶきの家屋の柵《さく》を彩り、藍《あい》の妙《たえ》なる花びらが斜面になった草の下で輝いていた。柿の重くて固い実が木の枝をたわめている。表面的には、心地よげで楽しげなほどに見える光景の細部をよく見ないことには天変地異があったこともうかがい知れない。たとえば、メリヤス工場は廃屋のように亀裂が入っているが、その周りでは、稲穂が燃え立つような黄褐色《おうかっしょく》の上下を身にまとっている。あちこちでいちはつの茂みをいただいた苔《こけ》のむす藁葺《わらぶき》屋根が地上に倒れているが、まるで大気に支えられ、危険もなく倒れたかのようで、誰かを傷つけた様子はない。こんなことはしょっちゅう起こってきたに違いないとさえ感じられる。倒れた屋根を持ち上げるには、梁がいくつかあれば十分なのだ。こんなことは、日本の農家の生活では、漁師の小舟が座礁するのと同じほどにありふれた出来事なのだ。この揺れ動く危険な大地にあっては、家屋よりも小舟のほうが必要だというわけだ。

それからしばらくして、私は娘を抱きしめた。娘はすんでのところで津波にさらわれるところだったのだ。何と海は美しかったことか。何とすばらしい食事だったことか。そして、空のはるかな高みに、そう、超然と、そして穏やかに富士が聳《そび》えていた。

――荒々しく揺り動かされた心が徐々に休息前のあの不動状態へと戻ると、それまでに私たちの中にたまっていた感覚と映像の重なりあった層は、それらの層が互いに離れて沈澱する前に、両者の間で奇妙な交換が行なわれ、ゆっくりとした混合がなされる。そして、おののき、また内省に耽《ふけ》っていた精神の裏箔《うらはく》の上に、外部からの印象が奇妙にいきいきと刻みこまれるのだ。ちょうど、木の葉や鳥の反射が、水生植物や魚のかすかな姿と入り混じっていながらも、それらを隔てている水面がほとんど観念的なものとしてしか意識されることがないように。そんなわけで、その夜、私の友人であるポーランド公使の家で、私たちみんなは、そのような奇妙な浮遊状態にあったのだ。すばらしい夏の夕方だった。家には亀裂が入っていたので、公使は食事をテントに並べていた。私たちは誰もが寡黙《かもく》だった。天変地異の日々の記憶が私たちの心の奥によみがえり、浮かび上がっては心を痛ませる生々しい詳細とともにゆっくりと動き回るのだった……。私はそこに来るために通った、あの廃墟となった東京を思い浮かべていた。あの灰の平原。だが、そこでは、もう貧しい人々が建設に励んで動き回っていた。誰もが、ツルハシを持ち、籠を持ち、ひと握りの米と板のひとかけら、布切れ、トタン板を手にして、やって来ていた。方々に繭《まゆ》ほどに壊れやすい小さなバラックが建っていた。街路には、軍隊の重装備のトラックが走り、救助隊の一団を載せ、梁や包みを積み込んだ、福の神の伝説の舟の現代版であるかのような貨物車から、三輪車や和牛に引かれる幅の狭い荷車にいたるまで、車の長い列が続いた……。この庭は何と心地よいのだろう。何という静けさ。息の詰まりそうな一日の後にあって、何とさわやかなことか！……すると、突然、足の下で大地からの深い揺れがやってくる。まるで身体を通して魂にまで通じるガルヴァーニ電流〔電気治療に用いる電流〕の放電のようだ。私たちは顔を見合わせる。テーブルの上でランプが揺れる。いや、すぐに、すべてがもとに復した。若い女性が手に透明な羽根の大きな蟬をつかんで、小声で私たちに言った。「ほら、私の手の中でも鳴きませんでしょ。もう、鳴かないんですわ。夏も終わりですものね。一週間もすれば、きっと死んでしまうんでしょうね」。——そして、私たち、たまたま、束の間の艀《はしけ》に乗り合わせたこの私たちも、死を免れることはできないのだ。しばらくの間、私たちの奥底で、彼女に対するぼんやりした共鳴のようなものが続いた。

一九二三年九月

（注1）　根府川《ねぶかわ》付近では、四つの山が崩れ落ち、土砂は曲がりくねった谷を通って土の河とな

って太平洋に流れ込んだ。流れの跡は樋《とい》状になったが、その両側には、粘土と岩が残っていた。

（注2）日本の伝説によれば、本島は思い出したようにもがく魚の上に据えられているという。また、日本中に一度も動いたことのない土地は一箇所しかない、という伝説もある。そこは扇の柄と呼ばれており、ほかの場所がどんなに揺れているときでも、そこだけは動かないというのである。

（注3）友人の語ってくれたところによると、道に迷った旅人がある日、屋根がなくとも何不自由なく暮している老夫婦の家に、一夜の宿を求めたという。旅人が彼らにこの例を見ない造りの理由を聞いたところ、屋根の半分は、老婆が満月の金色の輝きで目を楽しませることができなかったために取り除き、あとの半分は、老人が黄金よりも明るい夏の驟《しゅう》雨《う》をもっと楽しみたいために取り除いたと知らされたのであった。

（注4）地震後、相模湾で、長さ十八マイル、幅四マイルにわたって、二百メートルの深い裂け目のできているのが確認された。

（注5）夜になって、風向きが変わり、火は町の奥から戻ってきたため、大使館は、屋根に守られることもなく火に包まれた。

（注6）後にわかったのだが、実際には、この火柱は、極度の熱のために起こった局部的な暴風の結果だった。この場合、あまりに高熱だったため、ふだんならトーチを使ってするしかない金属の融解を引き起こしたわけだ。

（ポール・クローデル著、樋口裕一訳『天皇国見聞記』新人物往来社、一九八九年）

震水火の只中《ただなか》に

久米正雄

九月一日は朝から驟雨《しゅうう》模様だったので、今日が恐らく鎌倉の、海水浴納めの土曜日だとは思うものの、天気は天気だし、大半の友達は帰った後だし、何だか海へも出る気がしなかったので、家《うち》で手紙を書いていると、突如として此《こ》の前代未聞の大地震の、最初の揺れはやって来た。上下動の傾向で、尻を持ち上げられるように感じたので、常《いつ》もの地震とは少し違うなとは思ったが、其儘《そのまま》鎮まるものと思って、七八秒様子を見ていると、震動は益々《ますます》激しくなって、最初に襖《ふすま》が私の方へばたばた倒れ初めた。それで驚いて其襖の倒れた方向と筋交いに、ぱっと庭へ飛び出した。椽側《えんがわ》を出る時、足腰がふらふらして、後戻りをするような焦慮を覚えたが、吾乍《なが》ら素早く生垣と家との間を飛び抜けて、中庭の広場へ出た。振動が初まってから、凡そ一分とは経たなかったろう。私が戸外へ出たのが、近所でも一番早かった。だから、家は幸いに潰れなかったが、よし潰れたにしたところで、生命だけは助かっていたと思う。

私が飛出ると直ぐ、第二の激しい震動が来て、目前に立っている鶴見の店の文化住宅が、二階の海鼠壁《なまこかべ》を剥落させつつ傾いたと見る間に、赤い瓦《かわら》を載せた屋根が、街路へ瓦《が》落《ら》々《が》々《ら》と崩れ落ちた。其下に女中と、買物に来ていた老人とが入って、女中は店台の間に助かって引出されたが、客は一挙に潰された。猶《なお》、後《あと》で火事跡を掘起して見ると、通行中の老婆が死んでいたと云う。次いで、其店につながる母屋の住居が、余波を食って柱や戸をばらばらに綻《ほぐ》らせながら、屋根を其中に落ち込ませた。見ると裏の平家《ひらや》も、裏の土蔵の崩れたのを背負って、すっかり倒されて了《しま》っていた。私はそれらの崩れるのを目前に見ながら、見ている中《うち》は何故《なぜ》か、まだそれほど大した地震とも思っていなかったが、少し振動が止んで、やや冷静に周囲を見廻した時初めて吃驚《きっきょう》を覚えた。

それから私は直ぐ海嘯《つなみ》を恐れた。これはこうしてはいられないと思った。で、五分と経たない中に、凡てを放擲《ほうてき》して、程遠からぬ長谷《はせ》観音の高い境内に駆けつけた。観音は太柱が傾いてはいるが、さすがどっしりと藁《わら》屋根を聳《そび》えさしていた。私は直ぐ海を見はらす境内の左手のテレースへ出た。

見ると、鎌倉湾内の潮は、いつもより二三町〔約二二〇〜三三〇メートル〕も沖まで、ずーっと一面に干《ひ》上《あが》っていた。そして岩か海藻かを点々と黒く残して、其てらてらと空を映した水渚のある干潟《ひがた》は、気味悪く静まり返っていた。それを見た時ほど、凄いような気のした事はなかった。どうしたって、もう大海嘯が来て、鎌倉全土を洗い去るに違いないと思った。で、鐘をついて皆に知らせようと思ったが、鐘撞堂《かねつきどう》が倒壊していた。仕方なく、私たちは息を飲んで暫《しば》らく見ていた。と、やがて、予期したよりはずっと小さいが、土用波の二三層倍かともあろうと見える波が、いつものように白く波頭を嚙《か》んで、其干潟を満たし初めた。それでも其波は、坂の下長谷由比ヶ浜材木座一帯を襲うて、海岸に添うた家だけは完全に浚《さら》った。海月〔海月楼〕、大正館などと言う、海添いの海水浴旅館では、各々《おのおの》数人の客と共に潰されて其人達を出さない間に、其波にすっかり持って行かれて、又滅茶々々に打ち上げられた。後に私たちが見に行った時は、いろいろな材木の堆積の上に、屋根だけが載っていた。稲瀬川口のあたりでは、海水が電車線路を越えて侵入した。近衛君の別荘なども、潰れた上に波に攫《さら》われた。後で、三四時間後に線路を通って見ると、何《ど》処《こ》の家のピアノか、どの家の材木とも見分けのつかぬ中に、黒塗りの腹を見せて横《よこた》わっていた。そして線路の直ぐ北側に、矢張り家の跡とも見えぬ材木や塵芥《じんかい》の間から、若い女の人の腕が、身体の他の部分は見えずに、掌《てのひら》を半開きにしてあらわれていた。指には細い金の指輪に、小さいダイヤを嵌《は》めているのが、哀れを通り越して見られた。それを、難を遁《のが》れた老人夫婦が、為す事もなく眺めていた。其人たちの娘か嫁からしい。私もどうする事も出来ないので、長谷の警察と消防を呼びに走った。が、両方ともまだ地震後三四時間後で、出払っていなかった。私が通りがかりの若い男を呼び止めてただ知らずだけ知らしてやった。それから二時間ばかり後に、矢張り其処《そこ》を通って見たら、もう取片付けてあったので安心した。

　海嘯では、一旦家と共に持って行かれて、又打上げられた際に、運のいい人は却って狭《はさ》まれた材木の間から、助かったものもあると云う話だった。が、私の見た材木座の方のそう云う遭難者は、水中で材木や板の間に揉《も》まれて、全身傷だらけだった。

　海嘯が来初めた時、私は長谷観音の高みから、材木座の方の低地にある、或る知人の家が心配だったので、急いで山を下りて其方《そちら》に赴いた。

　長谷通りは、左側の家々が、通りへ面して倒れていて、所々屋根を越えたり、狭い軒端の倒れ鼻を擦りぬけたりしなければならなかった。通りがかりに覗《のぞ》いてみると海浜ホテルはやや傾いた門柱の中に、傾いてはいるが崩れ落ちないで、玄関前の松の間に、西洋人たちがうろうろしていた。中には日本ユカタのまま、山の方へ逃げて行く夫婦なぞもあった。

　山階宮《やましなのみや》妃殿下〔佐紀子《さきこ》女王〕の御遭難を、一の鳥居側の宮邸に隣り住む小野君に会って聞いたのも、其時、震後一時間と経たぬ中《うち》だった。其時の話では、まだ大妃殿下〔母の邦憲王妃好子〕は梁《はり》の下に居られるとの事だった。が、私はまさかにお助けに入る事も出来ないので、其儘《そのまま》材木座の知人の家へ行って、其人々だけは無事なのを祝し合い、それから近所の倒潰家屋の中にまだ人が入っているのを聞いて、救出を助力した後、一っぱし人を救けた気分に昂奮《こうふん》して、水道路を帰って来ると、白い海軍将校服をキチンと身につけられ、黄黒色の円い日除けの色目鏡をかけられた、由緒ありげな顔のお方が、矢張り是も黒眼鏡の海軍将校と、もう一両人の伴を連れて、横須賀への海軍水道路を、練って歩いて来られるのに出会った。私は屋根を掘ったり、子供を引出したりした後なので、何だ、どんな海軍の偉い将校か知らぬが、悠長に視察振っていると、少し反感めいた眼で見送ったが、後で、直ぐそれが宮様〔海軍軍人の山階宮武彦王〕と聞いた時は、尠《すく》なからず恐懼《きょうく》を感じた。視察的に、幾らか悠々と感じられる程に、歩いて居られたには相違ないが、それが妃殿下を今の先刻、梁の下に失われた宮御自身として、其悲しみを黒眼鏡の下にお隠しになりながら、直ちに出《い》でて震災の情況を視察し、罹災民を慰問に歩かせらるる御心を察すると、私が唐鍬《とうぐわ》を肩にしながら、其二三名の行列の真ん中を、わざと突切って通った無礼を、何とお詫びしても足りないような気がする。

人を救《たす》けたなぞと云っても、私はただ、屋根を少し剥《は》いだのと、其穴から窺《のぞ》き込んで、注意めいた助言を、「あ、其槓桿《てこ》の重みが足に懸っている！」と云った風に、中で救出に従事している人々に、与えていたに過ぎなかったが、それでも赤ん坊の上へ凭伏《うつぶ》しになって、胸の下に小供を庇《かば》ったまま背中を梁に圧されて、出られないでいた若い母親が無事に助け出され、それから更に、もう一方の棟《むね》の下から、かすかに洩《も》れる泣声をたよりに、矢っ張り同じく屋根へ穴を掘って、ようやく其穴の中から、三四才位になる女の児《こ》を、穴の中から外に居る私の手へ、無事に受取った時は、世にも嬉しい気持だった。其児は、もう救い出された極度の緊張で、泣いてなぞはいなかったが、もう忘れたように輝いている日光の中へ出されて、目をぱちぱちさせながら喘《あえ》ぐように口を動かして、他人の私に抱きとられつつ獅嚙《しが》みつきかかった。私は其の児の白い洋服の胸が、真っ赤に染まっているので、何か傷でもしたのではないかと、急いで庭の隅の、母親が寝ている所まで連れて来ると、引剝ぐように胸をはだけて見たら、中には何の傷もなくて、赤いのは転げた梅干壺の上へ倒れていたものと解ったが、笑いも出来なかった。彼らは、私が酌《く》んで来た、地震の為に土が落ちこんで、すっかり濁って了ったらしい井戸水を、さも甘《うま》そうにごくごくと飲んで、あまたたび私に感謝した。

　それから、小町の田中〔純〕の所へ行って見たら、田中の家も、平屋建てだった為か、地盤の為か、それとも私と同じように、平素善根を積んでいた酬《むく》いか、――そんな筈《はず》はないから、悪運尽きなかった為か、兎《と》に角《かく》、硝子戸《ガラスど》一枚毀《こわ》しただけで、家の傾きさえ割合に少く、一同無事過ぎる程無事だった。

　けれども、近所の広津柳浪氏は、二階家だったために、直ぐ倒潰を食って、出る間もなかったが、幸い机か何かの為に上から落ちた梁が支えられて、身を容《い》れるだけの空隙があったために、直ちに這い出たと云って、同じく下敷にはなったが、微傷もなく助かった一家の人々と共に、田中の家の庭へ避難して来ていた。其外田中の庭へは、近所の海軍将校の家族たちが、沢山避難していた。田中は長谷の僕の方へ出かけたとかで居なかった。

　と、そうこうしているところへ、田中が歯科医の寺木君〔寺木定芳《さだよし》〕を連れて帰って来た。寺木夫人――もとの衣川孔雀《きぬがわくじゃく》夫人が、赤ん坊を抱いて、怒ったような顔をして、真っ先に庭木戸を入って来たが、「久米さん。私、上《うえ》の子を二人亡くしちゃったのよ。」と云って、身体を悲痛に揺するようにしながら、涙をはらはらと滾《なが》した。後から寺木君が、悲痛に打挫《うちくじ》かれたように、のっそりと入って来た。

「とうとう二人見殺しにしちまった。親として、実に済まない事をした。――久米君。君たちはこういう際に、係累がなくて幸福だよ。」

　私は言葉なかった。それ迄は、自分たちに近く、そんなに悲惨事なぞはないように思っていたのに、初めて惨害が身に沁《し》みた気がした。

聞くと、丁度お昼時だったので、寺木君の子供たちは、台所で石油焜炉《こんろ》にかけた甘い煮物の出来るのを待っていたところへ、ぐらぐらぴしゃっと来たらしい。いち早く飛び出た寺木君が、椽側まで出て赤ん坊を抱いたまま、凭伏《うつぶ》せに身を以《もっ》て庇《かば》って突伏して了った夫人を、――どの母親もが、同じような形で、赤ん坊の上へ身を伏せる。――やっと救い出した後、小供たちの入っている台所の屋根をめくって、救け出そうとした時は、もう其処に居るのが解っているのに、焜炉から出た火が渦を巻き初めていた。どうする事も出来なかった。寺木君はただ、其火の中へ飛び込もうとする、狂気のような夫人の帯をしっかと抑えたまま、傍観しているきりなかった。………

　大町の火は、三四ヶ所から上った。そして私が田中の家から、小はん亭を見舞って、八幡通りへ出た時は、もう、停車場側の家々を悉く嘗《な》め尽して、一面の焦土と火焔の中に、源氏山が茶色に霞んで見えた。天日は焦げて赤黄ろく、ただ、北の空高く、腸《はらわた》のようにもくもくと盛り上って、ちっとも動かない層雲が、気味悪く半空を蔽《おお》うていた。

小町園を見舞っていると、長谷の三橋《みつはし》〔三橋旅館〕から火が出て、今長谷通りは悉く灰燼に帰しつつあると云う知らせを聞いた。三橋と云えば私の家の直ぐ前である。もう、私の家などは迚《とて》も駄目だと思った。それに燃えて惜しいようなものは、人から貰った手紙の外には、かけ換えのないようなものもないと思ったので、ただもう残骸を見る気で、電車線路を帰ってみると、火は母屋の台所まで来、裏の家をも燃え尽しているのに、私の家の間際まで来ながら、魔法の輪でも描いたように、其処でぴったり止まっていた。文字通りに、全く火に隣りして、しかも焦げてもいなかった。けれども、火はまだ盛んだったので、早速私は庭井戸を汲んで、水撒《みずま》きポムプへ水を送るのを手伝い、更に又筒口を持って台所の火を鎮めた。私の家の荷物は、近所にいた海水浴友達の黒田君が、吉田女史と共に運び出して呉《く》れて、後《あと》には安蓄音器と、机しか残っていなかった。誰もが、そんな蓄音器などは顧みなかった。私は其机の中なる手紙を懐中して了ったので、家が焼けたら、蓄音器をかけっ放しにしたまま、——其上には昨日懸けたままのダンスレコードがまだ載ったままだった。——過去の享楽生活を灰にする意味で、焼いてやろうと思っていたが、幸い、そんな芝居気を満足させずに済んだ。

思えば、私の小さな借家は、全く、地震と海嘯と火事の真ん中に在って、その凡《すべ》てから忘れられたように、取り残されたのである。凡ての災害に隣りしてしかも全し！　私一個に取って云えば、全く今度の天災も、芸術家の体験として、一つの幸福を齎《もた》らしたものとさえ云えない事はない。そんな事を云っては、関東に満つる悲惨なる罹災者諸君に全く済まないが、私は自分ながら今度の震害を受けた人々の中で、最も幸運だったものの一人、最も幸福だったものの一人だと感ぜずに居られない。

「免《のが》れて恥なきもの」の図々《ずず》しさを、人々よ、咎《とが》むる事勿《なか》れ。（十八日、東京本郷の家にて。）

（『中央公論』第三八年第一一号、一九二三年一〇月）

全滅の箱根を奇蹟的に免《のが》れて

谷崎潤一郎

私は八月二日からずっと箱根小涌谷《こわくだに》の小涌谷ホテルに滞在していたが三十一日の晩に箱根町の芦《あし》の湖畔《こはん》にある箱根ホテルへ遊びに行き、そこに一《ひ》と晩泊って翌一日の午前十一時半に出る乗合自動車に乗って芦の湯を通り、約半里〔二キロメートル〕位も来た山路で地震に遭った。乗合は満員で約半数が西洋人だったが第一に西洋人が下ろしてくれ下ろしてくれと騒ぎ出した。何しろ山の左側は高い崖《がけ》で、そこから大きな石がゴロゴロ落ちてくるし右の方はやっぱり深い谷で自動車の通っている一本道が柔かい土でボロボロ壊れて見る見るうちに路がなくなってゆく。

運転手はここのところは危険だからとめられない、安全なところまで走ってゆくといってその烈《はげ》しい震動の中をドンドン一町〔約一一〇メートル〕程走らせた、走っている最中にも傍《かたわら》から路が崩れていった、今考えて見ると谷へ落ちなかったのが不思議な位だ。しかしやはり運転手の考えがよかったので走ったら直ぐあとへ大きな石が落ちて来た。それから崖の横の一寸《ちょっと》凹んだ平なところで車を止めそこで皆下りて日本人も西洋人もかたまっていた。

老人などは震動のために立っていられないで地面にひれ伏しているのもあった。そこで私は三四回大きな揺り返しの済むのを待ちそれから小涌谷のホテルへ帰ろうとしたのだが道が壊れていてかえれないので間道を伝わったりしてやっとこさとホテルへ来た。来てみると小涌谷の警察分署はマッチの箱のように仰けさまに谷に落ちていたがその外の建物は外形だけはのこっていた。然《しか》し今にも崩れそうなのでみんな三河屋《みかわや》の遊園地へ集っていた。人々は私の顔を見て「死んだと思った人間が帰って来た」といって悦んでくれた。

間もなく午後の三時頃になって遥に宮の下の方から燃え上る火の煙が見えた。地震が揺ると同時に気候が全く一変した様で午前中は風があり少し霧雨が降っていたのに、空がクッキリと青く晴れて風が全く死し実に物凄《ものすご》いほど静かであった、そして非常に暑かった。私ばかりでなく人々は皆恐怖というよりは船に酔ったような気持で頭がノボせて腹がへっていながら食慾がなかった。そんな気持でジッと火の煙を見ているうちに一旦消えたのがまた燃え上り夜になってからは山の向うがボーッと舞台装置の電気のように明かるかった。其光は寧《むし》ろ青味を帯びていて火事ではないように思われたのがそのうちに雲が出て来るとその雲だけが真赤にみえた。其夜晩《おそ》くなって小田原が大火だということを聞いた。

其《そ》の儘《まま》そこに野宿して翌《あく》る日の朝第一に気が付いたのは太陽が非常に真赤で日蝕の様に

光が弱くジッと見つめても眩《まぶ》しくも何ともないことだった。それが如何《いか》にも天変地異という感じをおこさせ一層人心を不安にさせた。それから追々諸方の間道を伝わって逃げて来る人達の報告によって小涌谷はこれでも一番しあわせなんだということを知った。そして箱根の中だけでも地震のおこった時間に多少の相違があるのに気づいた。私が遭ったのは十二時十三分頃だのに宮の下辺《あたり》の時計はみんな十二時五分位で止まっていたそうだ。

　私は妻子〔妻の千代子と子の鮎子《あゆこ》〕を横浜へ二三日前にかえしたところなので心配でたまらず、東へ行ってはとても食糧がなさそうだから神戸から船でゆくつもりで四日午前十時半横浜の同じ町内に住んでいるミス・マールマンと一緒に小涌谷を出て箱根を越え三島から沼津へ出て漸《ようや》く汽車でやって来た。途中再び遭難の場所を通ってみたが助かったのは全く奇蹟で身の毛がよだった。

　箱根ホテルの私が前夜泊った室などもまるでピチャンコに潰れていた。運がよかったと人々はいってくれるが妻子の事を考えると寧ろ横浜に一緒に居た方がよかったと思う。それを考えると涙が出て仕様がない、生きているにしろ死んでいるにしろ一日も速く家族の安否を知りたいと思うばかりだ。

（『大阪朝日新聞』一九二三年九月六日。『谷崎潤一郎全集　第二五巻』〔中央公論新社、二〇一六年〕による）

震災見舞（日記）

志賀直哉

九月一日、午後、電柱に貼られた号外で関東地方の震害を知る。東海道汽車不通とあるに、その朝特急で帰京の途についた父〔志賀直温《なおはる》〕の上が気にかかる。列車へ電報をうつ為め、七条京都駅へ行く。

もう列車には居られますまい。案内所の人に云われ日暮れて粟田《あわた》へ帰る。

それ程の事とも思わず寝る。

翌朝《よくちょう》、家人に覚まされ、号外を見せられる。思いの外の惨害《さんがい》に驚く。麻布《あざぶ》の家《うち》、心配になる。父の留守、女ばかり故一層気にかかる。

上京するにしても何《ど》の道から行けるか見当つかず。兎《と》も角《かく》、山科《やましな》のＨ君を電話で呼び、一緒に行く事にする。箱根に避暑中の人を気遣い焦慮《いらだ》っているＫ君に電話で相談すると、鉄道は何の道も駄目と云う返事で、不得止《やむをえず》、神戸から船という事に決める。

日曜で銀行の金とれず。Ｓ君とＮ君に借りる。

信越線廻りで川口町まで汽車通ずる由《よし》、Ｈ君聴いて来る。Ｈ君は一度山科へ帰り、途中の食料を用意し、停車場《ていしゃば》で再び落ち合う事にして別れる。

病床妻、所謂《いわゆる》前厄《まえやく》と云う自分の年〔数え四一歳〕を心配し、切《しき》りにかれこれ云う。大丈夫々々と自分は繰返す。

T君に送られ、三時何分の列車にてたつ、客車の内、込まず、平日と変りなし。窓外の風物如何《いか》にも平和。瀬田の鉄橋を渡る時、下に五六人の子供、半身水に浸《つか》って魚漁《うおと》りをしていた。

伊吹山《いぶきやま》。

やがて名古屋に着く。名古屋に来り初めて幾らか震災の余波を見るように思う。停車場は一杯の人だった。

父が来る時泊った志那忠《しなちゅう》支店により、消息を訊《たず》ねたが、帰りは来ぬと云う。

八時四十分、臨時川口町直行と云うに乗る。旧式な三等車の窓際に陣取れたが、後から後から乗って来る人で箱は直ぐ一杯になった。皆《みんな》東京へ行く人だ。名古屋を中央線で出《で》端《はず》れようとする辺に新式な公園があり、其所《そこ》の音楽堂のイルミネーションが此《この》場合何となく気持に適《そぐ》わなかった。

短いトンネルを幾つとなく抜け、木曽川について登る。

塩尻《しおじり》でも、松本でも、篠《しの》ノ井《い》でも、下車して次の列車を待って呉《く》れと云われる。然《しか》し乗客達は直行を引返えさす法はないと承知しなかった。その度、長い間、愚図々々《ぐずぐず》と待たした揚句《あげく》、汽車はいやいやそうに又進んで行く。

篠ノ井では信越線の定期を待つ人々が歩廊《プラットホーム》に溢《あふ》れて居た。歩廊には反対側から乗込もうとする人々が線路に沢山立って居る。

何《ど》の停車場でももう食物を手に入れる事は困難になって居た。Ｈ君は篠ノ井で汽車の停《とま》って居る間に町へ行き、出来るだけ食料品を買込んで来た。自分の為めに蕎麦《そば》を丼ごと買って来て呉《く》れた。

車中の人々は皆幾らか亢奮《こうふん》して居るが、その割りには何所《どこ》か未《ま》だ呑気《のんき》な空気が漾《ただよ》っていた。もう皆灰になって居るでしょう。火葬の世話がなくていい、こんな事を云う人にも本当に打砕かれた不安な気持は見えなかった。

自分としても、麻布の家《うち》、叔父の家、その他親類友達の家を考えて、何という事なし、何《いず》れも無事と云う気がし、それより嘸《さ》ぞ驚いた事だろうと思う方が強かった。

三十一日、妻と子供二人を残して来たと云う若い人が、家は深川の海に近く、地震、火事、津浪《つなみ》、こう重なっては希望の持ちようがないと、眼をうるませ、青い顔をしていた。直ぐ遠く立退《たちの》いて呉れればいいが、あの辺をうろうろしてたんじゃあ迚《とて》も助かりっこありません、と云っていた。此《この》人の不安から押しつぶされて行く気持が変に立体的に自分の胸に来た。

こう云う場合、現場《げんじょう》に近づき確かな情報を得るに従い、事実は新聞記事より小さいのが普通だのに、今度ばかりは反対だ、それが不安でかなわぬと云う人があった。
汽車は停って二時間余りになるが却々《なかなか》出そうにない。吾々は京都を出て一昼夜になる。やがて信越線の定期が着いたが、客車は既に一杯以上の人だった。五六百人の人々はそのまま歩廊に立尽くさねばならぬ。間もなく定期よりも先に吾々の列車が動き出した。此方《こっち》の乗客達は歓声を挙げ、手を拍《う》って騒いだ。

信州の高原には秋草が咲乱れていた。沓掛《くつかけ》辺の別荘の門前で赤いでんちを着た五つ六つのお嬢さんが霧の中に三輪車を止め、吾々の汽車を見送って居た。

客車の中は騒がしかった。窓から入って来た男と其所にいた東京者とが喧嘩《けんか》を始め、東京者が『何いやあがるんだ、百姓』と云ったのが失敗で、他《ほか》の連中まで腹を立て大騒ぎになった。

軽《かる》井《い》沢《ざわ》、日の暮れ。駅では乗客に氷の接待をしていた。東京では鮮人が爆弾を持って暴れ廻っているというような噂《うわさ》を聞く。が自分は信じなかった。
松井田で、兵隊二三人に弥次馬十人余りで一人の鮮人を追いかけるのを見た。『殺した』直ぐ引返えして来た一人が車窓の下でこんなにいったが、余りに簡単過ぎた。今もそれは半信半疑だ。

高崎では一体の空気が甚《ひど》く嶮《けわ》しく、朝鮮人を七八人連れて行くのを見る。救護の人々活動す。すれ違いの汽車は避難の人々で一杯。屋根まで居る。

駅毎《ごと》高張《たかはり》提灯《ちょうちん》をたて、青年団、在郷軍人などいう連中救護につとむ。

汽車での第二夜、腰掛けたっきりで可成《かな》り疲れている。飯を得られずビスケットとチーズでしのぐ。

大宮。歩廊に荷を積み一家一団となっている連中多し。それだけの人数と荷物では込み合うて汽車に乗り込めないのだろう。

四日午前二時半漸《ようや》く川口駅着。夜警の町を行く。所々に倒れた家を見る。

H君の家《いえ》に女中に来て居たと云う人の家に寄る。その女、魚河岸《うおがし》にいて、火の為め彼方《あっち》此方《こっち》に追われ、前夜漸く此川口町に帰る事が出来たと云う。兄なる人、妹を探す為め町々を歩き市中の様子に精《くわ》しく、此人の口から二人の家の無事を聞き安堵《あんど》する。

吾々が庭の椅子《いす》で久しぶりの茶を飲み、そう云う話を聴いていると近所の老婆来て、今晩又大きな地震ある由、切《しき》りに云う。兄なる人五月蠅《うるさ》そうにし、相手にならず。

此処《ここ》を出て、堤を越え、舟橋にて荒川を渡る。其辺地面に亀裂あり、行く人逃れ出る人、往来賑《にぎわ》う。男のなりは色々だが、女は一様に束ね髪に手拭を被り、裾を端折《はしょ》り、足袋《たび》裸足《はだし》。時々頭に繃帯《ほうたい》を巻いた人を見る。

赤羽《あかばね》駅も一杯の人だった。駅前の大きなテントには疲れ切った人々が荷に倚《よ》って寝て居た。自分もきたない物の落ち散った歩廊に長々となる。何時《いつ》か眠る。

H君に起こされ、急いで日暮里《にっぽり》行きの列車に、窓から乗込む。

入谷《いりや》から逃れ、又荷を取りに帰ると云う六十ばかりの女と話す。火にあおられ、漸く逃《のが》れ、井戸を見つけて飲もうとすると、毒を投込んだ者があるから飲めぬと云われた時は本統に情けない気がした、など云う。

汽車の沿道には焼けたトタン板を屋根にした避難小屋が軒を並べていた。田端《たばた》あたりの貨車客車にいる家族もある。

日暮里下車。少し線路を歩き、或る所から谷中《やなか》へ入る。往来の塀という塀に立退先《たちのきさき》、探ね人の貼紙が一杯に貼ってある。所々に関所をかまえ、通行人の監視をしている。日本刀をさした者、錆刀《さびがたな》を抜身のまま引きずって行く者等《など》あり。何となく殺気立っていた。

谷中天王寺の塔がビクともせず立っている。露伴作、『五重塔』という小説が此塔の事を書いたものではなかったかというような事を思い、見上げながら過ぎる。

上野公園は避難の人々で一杯だった。上野の森に火がつき避難民全滅というような噂を高崎辺で聴いたが嘘だった。避難小屋の間を抜けて行くとすえ臭い変な匂いがした。

交番の傍《そば》に人だかりがしている。人の肩越しに覗《のぞ》くと幾つかの死体が並べてあり、自分は女の萎《しな》びた乳房だけをチラリと見てやめる。

三宜亭《さんぎてい》という掛茶屋の近くにある、あの大きな欅《けやき》の洞《ほこら》が未だ弱々しく燃えていた。烟《けむり》と共に小さい火の粉と細かい灰を時々吹き上げていた。

山から見た市中は聴いていた通り一面の焼野原だった。見渡すかぎり焼跡である。自分はそれを眺める事で心に強いショックを受けるよりも、何となく洞《うつ》ろな気持で只《ただ》ぼんやりと眺めて居た。酸鼻《さんび》の極《きわみ》、そんな感じは来なかった。焼けつつある最中、眼の前に死人の山を築くのを見たら知らない。然しそれにしろ、恐らく人の神経は不断とは変って了《しま》っているに違いない。それでなければやりきれる事ではないと自分は後で思った。それが神経の安全弁だと思った。此安全弁なしに不断の感じ方で、真正面《まとも》に感じたら、人間は気違いになるだろう。入りきれない水を無理に袋に入れようとするようなものだ。袋は破裂しないわけに行かぬ。安全弁があり、それから溢《あふ》れるので袋は破れず、人は気違いにならずに済む。

　自分はそれからも悲惨な話を幾つとなく聴いた。どれもこれも同じように悲惨なものだ。どの一つを取っても堪《たま》らない話ばかりだ。が、仕舞《しま》いにはそういう話を自分は聞こうとしなくなった。傍でそう云う話をしていても聞く気がしない。そして只変に暗い淋しい気持が残った。

　自分は一体方丈記をそう好かない。余りに安易に無常を感じているような所が不服だった。人の一生にはそれだけの事は最初から計算に入れていていい。その心用意なしには生きられないのが現世で、その現世をありのままに受け入れるのが吾々の生活であると、こんな風に思っていた。勿論《もちろん》人間の意志の加わった不幸、人間の意志で避けられる不幸はありのままに受け入れる事は出来ないが。

然し自分は今度震災地を見て帰り、その後今日《こんにち》まで変に気分沈み、心の調子とれず。否《いや》応《おう》なしに多少方丈記的な気持に曳《ひ》き入れられるのを感じた。

広小路《ひろこうじ》の今は無いいとう松坂《まつざか》の角《かど》で本郷へ行くH君に別れ、電車路をたどって行く。焼けて骨だけになった電車、焼錆《やけさび》て垂れ下がった針金、その下をくぐって行く。『松のみどり』と云う名代の化粧油を売る老舗《しにせ》の壊れた倉の中で鞴《ふいご》で吹かれた火のように油が燃えていた。然しそれを見ている人はなかった。

黒門町《くろもんちょう》、万世橋《まんせいばし》、須田町《すだちょう》。此所の焼けて惜しくない銅像〔広瀬中佐・杉野曹長の銅像〕は貼紙だらけの台石を踏まえ反《そ》りかえって居た。

駿河台《するがだい》と云う高台を自身の足元から、ずっとスロープで眺めるのは不思議な感じがした。

ニコライ堂は塔が倒れ、あのいい色をした屋根のお椀がなくなって居た。

神田橋《かんだばし》はくの字なりに垂れ下がって渡れない。傍の水道を包んだ木管の橋を用心しいしい渡る。

二昼夜の旅と空腹で自分は可成《かな》り疲れている。所々で休み、魔法壜《まほうびん》の湯を呑《の》む。

そして大手町《おおてまち》で積まれた電車のレールに腰かけ休んでいる時だった。丁度自分の前で自転車で来た若者と刺子《さしこ》を着た若者とが落ち合った。二人は友達らしかった。

『――叔父の家《いえ》で、俺が必死の働きをして焼かなかったのがある――』刺子の若者が得意気にいった。『――鮮人が裏へ廻ったてんで、直ぐ日本刀を持って追いかけると、それが鮮人でねえんだ』刺子の若者は自分に気を兼ね一寸《ちょっと》此方を見、言葉を切ったが、直ぐ続けた。『然しこう云う時でもなけりゃあ、人間は斬れねえと思ったから、到頭やっちゃったよ』二人は笑っていた。ひどい奴だとは思ったが、不断そう思うよりは自分も気楽な気持でいた。

和田倉《わだくら》、馬場先《ばばさき》、あの辺の土手の上、商業会議所あたりの歩道、立往生の電車、何所にも巣をかまえていた。電車の胴は掲示場に利用された。壊れた石垣を伝って、青みどろの濠水《ほりみず》で沐浴《もくよく》をしているのはその後新聞の写真で見た通りだった。

日比谷公園も避難の人々で一杯だった。酸《す》え臭《くさ》い匂いと、何か得体の知れぬ変な匂いとがする。池では若い連中が腰まで入り、棒切れで浮び上がる鯉《こい》を叩いていた。腐った飯が所々に捨ててある。

疲れた身体《からだ》を漸く赤坂福吉町《あかさかふくよしちょう》のＳ君の門まで運ぶ。Ｓ君は日本橋の蒲鉾屋《かまぼこや》で、福吉町にも私宅を持っている。Ｓ君は亢奮して遭難の模様を話す。Ｓ君は自分の訪ねた事を非常に喜んだ。

然し此辺に来るともう、それは日頃の此辺と変りなかった。この事が何となく不思議にも亦《また》当然のようにも思われるのだ。

氷川《ひかわ》神社の前から坂を下《お》り、坂を上がり、麻布の家《うち》に近かづく。向うから父が四日前京都駅で別れた儘《まま》の姿で、俥《くるま》に乗って来る。父は自分を認めず、門を入って行った。

麻布の家は土塀石塀等は壊れたが、人も家も全く無事だった。二番目の妹〔淑子〕の婚家〔山際家〕が焼け、皆で来ている。只鎌倉の叔父と横須賀の叔母と保土《ほど》ケ谷《や》に置いて来た二番目の妹の娘の安否だけが知れなかった。

父は清水《しみず》から汽船で前日横浜に上陸し、他の連中はそのまま日づけに入京したが老年の父は荷を皆捨ててついて行ったが直ぐ後れ、一人川崎の労働者の家《うち》の框《かまち》に一夜を過ごし、翌朝《よくちょう》漸く俥を得て帰って来たと云った。疲れ切り、よごれ切っているが水道が来ぬので湯に入れない。然し皆は互に皆の無事を喜び合った。最初男っ気のなかった麻布の家は其日から従弟《いとこ》のKさんが万事世話を焼いていた。その他《ほか》、避難して来た親類の男の人、出入りの男など皆《みな》よくしている。

午後、Kさんに牛込《うしごめ》の妻の実家〔勘解由小路《かでのこうじ》家〕と、武者《むしゃ》のお母さん〔武者小路秋子《なるこ》〕達の立退き先きに行って貰う。その間自分は熟睡した。

夕方、柳《やなぎ》〔宗悦《むねよし》〕が兼子《かねこ》さんと共に見舞いに来てくれる。柳の家《うち》も無事、（後で房州にいる兄さん〔悦多《よしさわ》〕の不幸を知る）兼子さんの実家も無事という事だった。二人の帰りを送りがてら一緒に出る。柳が朝鮮人に似ているからと離れる事を兼子さん気にする。

六本木《ろっぽんぎ》で柳と別かれ、後から来たH君と新竜土《しんりゅうど》の梅原《うめはら》君〔龍三郎〕を訪ねる。皆無事。日頃身ぎれいにしている人が、今日はすすけていた。流石《さすが》に将棋でもなく、然し気楽に話す。有島兄弟達〔有島生馬《いくま》・里見弴《とん》〕の無事を聞く。京都への簡単な伝言を聞き、夜警の往来を帰って来る。

H君麻布に泊る。二人共熟睡。

鮮人騒ぎの噂却々《なかなか》烈しく、この騒ぎ関西にも伝染されては困ると思った。なるべく早く帰洛する事にする。一般市民が鮮人の噂を恐れながら、一方同情もしている事、戒厳司令部や警察の掲示が朝鮮人に対し不穏な行いをするなという風に出ている事などを知らせ、幾分でも起るべき不快《いや》な事を避ける事が出来れば幸《さいわい》だと考えた。そういう事を柳にも書いて貰う為め、Kさんに柳の所へいって貰う。

T来る。Tの上渋谷《かみしぶや》の家《いえ》は小さい川の傍で余り地盤がよくもなさそうに思え、心配していたが、人も家も共に無事だったとの事。

『随分驚いたろう？』

『それがあんまり驚かないんだよ』こういっては変な顔をしていた。その時Tは丁度銀座にいたのだ。話を聴くと可成り驚いていい筈《はず》なのが、驚かなかったという事が如何《いか》にも呑《のん》気《き》なTらしく、同時に如何にも大地震らしく思えた。

（『新興』創刊号、一九二四年二月）

Ⅲ　震災を書く女性たち

被服廠跡遭難の記

小泉登美

偉《おお》きな刺戟《しげき》が欲しい。さもなくば此儘《このまま》私の心は枯れてしまうのではなかろうか――

遥かな遥かな路に立って、少しの感激もない自分の生活をふりかえった時、私の心はいつかこうした不安と共に、広い潑剌《はつらつ》とした世界を、どこかに求めているのであった。

しかし偶然を信じなかった私には、天にどのような目計があるかも知らないでただ自分の周囲を眺めては失望しなければならなかった。毎朝電車の中で逢う人々の顔、本当に単調な時計のきざみ、そこにも此処《ここ》にも同じように労《つか》れきった、だるそうな、而《しか》も埃《ほこり》っぽい世界しか私の目には映じなかった。まるで価値のない……そして何日《いつ》までこんな生活が続くのだろう、そう思う度《たび》に私は愈々《いよいよ》何かしら目の醒めるような刺戟によって、しっかりと自分の力強さを握らずには居られないような焦燥を感ずるのであった。又どうにかして若々しい自分の魂が、はっきりと凝視《みつ》めたくてならないのであった。

それが九月一日、突然本所横網《ほんじょよこあみ》町の外出先きで、それも被服廠跡《ひふくしょうあと》に逃がれてあのような大天災に逢おうとは夢にも想像しなかった。魂の底までもしっかりとこたえてくる偉きな刺戟を待っていた私にとって、今更それは偶然であったとは云われないかも知れないが、直接私共《ども》の生命にまでも肉迫した、決して二度と再びあろうとも思われないあのような刺戟が、真実に而もこんなにも早く、私を待ちかまえて居ようとは思われなかったのである。

一震、二震、三震、ついそれまでは家の中に居たのであったが、大きな家が無気味なうなりを立てて揺れる、壁は落ちる、電球は壊れる、屋根瓦《やねがわら》がさらさらと音をたてて砕ける、とうとう不安の極《きわみ》に達した私達は、O氏の家族と、それに私と私の友と、思わず先を争って戸外に飛び出した。と、僅かに六尺〔約一・八メートル〕の道路を距《へだ》ててすぐあの被服廠が待ちかまえてでもいるように広々と涯《はて》しなく拡《ひろ》がっていた。而も今にも大地が裂けるような不安に、後から後からと追駆《おいか》けられた私達はふと被服廠のすぐ入口に磐石のようなコンクリートの跡を見出《みいだ》した。そして思わず『皆んなここに居りましょうここに』『ここならもうどんなことがあっても大丈夫よ』と叫んだ私達は一も二もなくその場所を選んだ。その時初めて私達は神の懐へでもは入《い》った者のように完心と感謝とでさびしく微笑《ほほえ》んだ。東から西から逃がれて来た人々ともいつしか兄弟のような親しさで互《たがい》の無事を喜び合った。『本当にお怪我もなくて……』私達は心からそう云う事が出来た。そして間もなく大人は子供を、子供は老人をいたわり乍《なが》ら茣蓙《ござ》や蓆《むしろ》に一同落付いた。私も漸《ようや》く友と一緒に足袋《たび》はだしの足を長々とのばして腰を下ろした。

しかし我身の無事を思う度に私は父や母や妹や、誰よりも知りたい人々の安否が、気遣われてならなかった。『帰りたい』私は幾度かそうした衝動に突かれて立ち上がった。がその都度、友を初め誰も彼もが私の為に電車もない遠い途中を案じてくれたので、私は弱くも躊躇《ちゅうちょ》していた。其中《そのうち》にも避難者の数は段々増してくる。かしこが火事だ、ここが壊れたと云う噂《うわさ》が飛ぶように伝えられる。而も揺り返しが連《しき》りに続く、それにつけ心にかかるのは雑司《ぞうし》ヶ《や》谷にある我家の事であったが、慌てて危険を犯す事の何よりも不幸でいるのを思った時、私は漸く帰ることを断念した。又私達は不安な報《しらせ》を聞く度に被服廠の位置を考えて見た。そこには大きな隅田川があった、青々と緑したたる安田家の森があった。その上被服廠跡は殆《ほと》んど三万坪もあろう……と云う。そうした被服廠跡がまさかにあのような死地になろうとは誰が思ったであろうか。

私達は雨上りの焼きつくような日光の直射を僅かに手拭やら傘でよけながら、安堵の胸を下ろしてやがて中食《ちゅうじき》さえも取り初めた。

ああそして逃げるに逃げ場もない人々の身の上を案じていた私達は、その時はどんなに幸福者であったかわからない。而も丁度《ちょうど》此《この》日は、朔日《ついたち》のこととてどこの家でも祝《いわい》の赤飯が炊いてあった。私も大きなお握りに、生卵子を一ついただいた。思えば悲しい赤の御飯となった。そうこうしている中に隅田川の川向うと、亀沢町、石原《いしわら》町の先方から上り初めた火事の煙が見えている中にだんだんと黒く太く天をうずめるようになって、被服廠跡にも刻々不安の影が散り初めた。焼け出されの人々が慌ただしく馳け込む、泣き叫ぶ児《こ》の為《ため》に水を求めて走り歩く母、荷を囲う為かトタンの塀《へい》を壊そうとする者、そして気の早い人々は、今夜からの暗闇を案じ断水を思って、ローソクを求めに走る、水を運んでくる、はては食料を、夜具を、と被服廠跡はいつの間にか一杯になって来た。遂には馬やら荷車までも入り込んで来た。『こんなに一杯避難している処へ馬など連れ込んで……あばれ出したらたまらない』そう云ってこぼしている人も中にはあった。

それは最早三時頃ででもあったろうか、ふと側《そば》の友が私の袖を引いて『あれを御覧なさい』と声を慄《ふる》わせた。そして何気なく空を仰いだ時私も思わずギョッとして友の手を固く握った。そこにはどんよりと黒ずんだ空に、ポトッと大きな血の塊《かたまり》を落したような太陽が、それもじっと動かずに居た。その時から何となく不吉な予感が私共を無言にしてしまった。私は唯《ただ》何事かを念じたい気持で一杯になった。すると友もいつの間にか持っていたコートを頭からかぶっていた。

其中に突然『おや!! あの子が居ない』と云って私達の後《うしろ》に居られたO氏の奥さんがけたたましく十一歳になる男の子の名を呼ばれた。私達もハッとして顔を上げようとした。と、丁度其瞬間であった、何事とも知れず、ごうーっと云って地の底からくつがえるような物凄い音響が、安田家の森と思う方向から湧き起ってきた、そして同時に私達の頭の上には瓦と云わず、莫蓙と云わず、トタンと云わず、つぶてのようにバラバラと降り注いで来た。悲鳴はそこにもここにも挙げられ、世は見る見る中に混沌そのもののようになってしまった。あまりのことに、度を失った私達は急に考えることも、立つ事も、余裕もなくなって、夢中で蓆の上に突伏《つっぷ》した。するとどうであろう、五人も六人も一緒になって坐《すわ》っていた私共の蓆が、そのままずうっと一二間〔約一・八〜三・六メートル〕前にすべり出したのであった。『おお恐ろしい力』驚いて私は友の体につかまろうとしたが、もう其時は私の体が疾風のように転げまわされていた。そして『意識さえ無くなれば……意識さえ無くなれば……何時《いつ》死んでもいい……』僅かにそうした一筋の念願を残して、あとは時間も空間も私の頭からは永遠に去ってしまったかのようだった。

ふと熱い荷物の焼跡に坐って気が付いた時、私は初めてさっきまで私の体にはたらいていた恐ろしい力が、漸く和《なご》んできた事を知った。しかし又何が来るかも知れない……早く逃げないと……突然そうした衝動に馳《か》られた私は、思わずそこを飛び下りた。と、次第次第に冷たい私の意識が呼び醒《さま》されて来た。そして稲妻のように恐ろしい想像が私の頭を射た。

さっきまで、地ともつかず空ともつかず私の体を引ずり廻《まわ》していたあの旋風が同時に広い隅田川を越え、安田家の森を飛んで持って来たところの猛《たけ》り狂った火の車をば、思う存分この中で乗り廻したに違いない、おおそしてどんなに沢山の人々が、その車輪の下に訳もなく踏みひしがれたことであろうか、思えばその間、私には殆んど何程の時間を経たのかも想像出来ないのであるが、私の立っている所は、本当に此世の内とは言えなかった。日はもう疾《と》うに暮れてしまったらしく血のようだった太陽の影も形も見えなくて、数万と云う私達小羊はいつの間にか広い被服廠跡と共に火宅《かたく》の世界に落されてしまっていた。天も地も火、どうしてこんな中に私は生きて居られたのだろう、あちらにもこちらにも死人の山が幾塊となく出来て、それが呻《うめ》いている、叫んでいる、泣いている、おおそして崩れて行く……私は唯茫然と突立ってこの急激な変化を見渡した。本当に、無尽蔵に大地の中から湧き上るような火焔の他にはもうどこに一寸の隙間があるのでもなければ、東か西かもわからない。而もふと真赤な火の光で自分の体をあらためた時、私は何時《いつ》しか手足に軽い火傷《やけど》と疵《きず》とを帯びているのを知った。『最早到底逃がれる途《みち》はない』と絶望した私の心は思わず叫んだのであった。思えば少くはあったが今日まで蓄えて来た私の智慧《ちえ》も一体こんな時に、どこへ行ってしまったのであろう。そしてあんなにも輝いていた私の望《のぞみ》が、跡形もなく消えて、私の友までがどこかへ往《い》ってしまった。おお私を丸裸体《まるはだか》にして皆んなどこかへ去ってしまった。こうして私はたった一人、父母からも離れて淋しく死ななければならない私の運命であるならば、私はせめて、人と人とが傷つけ合わずに、親と子とが踏み合わずに静かな死を選びたい……。酷《むご》たらしい運命に対する唯一つの悲しい私の反抗が、最後にそうつぶやいた時、私は大きな塊となって上を下へとひしめき合い乍ら、悲鳴を挙げている人々からそっと離れて、静かに地上に仰向けになった。潔ぎよくも倒れた。本当に死を覚悟して倒れた。

けれど、けれど今が真盛りとでも云いたい火の勢《いきおい》が、突然其時どこかの家のくずれ落ちると共に海嘯《つなみ》のように大きな炎となって、私共の上に落ちかかって来たのであった。そしてはッと思った瞬間、私はもう倒れた人、死んだ人を幾人か飛び越えて大勢の中に、もまれていた。而ももうそこはぎっしりと足の踏み所も無い程、人が倒れていた。どうかしてもっともっと真中まで逃げ込みたい……そう思う中《うち》にも二度三度と魔のような火が追馳けて来る、真中まではまだまだ遠い……私の心はあせりにあせった。しかしどうしよう、もだえ呻いている人の上を、此上馳けって行くには余りに私の心は弱かった。傷ついた足も労れていた。本当に今度こそ私は死ぬのかしら……しかし場所もあろうにこの火の中で……、私はまだ一度も心から考えて見たことのない自分の死と、余りにも突然に向い合った時、かえって不思議な心持で幾度か人事《ひとごと》のようにつぶやかれた。真実とも思われない、が空気は愈々溶《と》ろけた岩石のように熱い。今は僅かに残された私共の呼吸さえも次第々々に切迫して来た。けれど不思議にも、もうこれまでと思った時に私共の心は恐ろしい程の平静に立ち返っていた。死なば諸共《もろとも》と云う気持もいつしか人の心をやわらげていた。そして大人も子供も老人も、互に争うことを止めて、逃げ惑うことも忘れて、今は一心に神仏を念じ初めた。

本当にキリストであったならば、釈迦であったならば、南無阿弥陀仏、南無妙法蓮華経を唱うる人々の悲しくも美しい最期の声を、ああ何と聞いたであろう。又何としたであろうか。今更に釈迦を思いキリストを待つ我心の愚かしさ。私は神の名を呼ぶことさえも恐ろしかった。而もどんなに罪深い私でももう其時は、懐しい父と母と、親しい友の幸福を唯一筋に私の神に祈らずには居られないのであった。思えばあんなにまで惨酷な自然の暴威に逢いながら、罪もない人の心をこんなに酷たらしく踏みにじられながら、それでもやっぱり私達は天を仰いで合掌するより他に知らなかったのである、天に向って弓を引こうとする者は唯の一人もなかったのである。

しかし私は思った。人が凡《すべ》てを捨てて凡てを忘れて、本当の無条件で天を信じ神を仰ぐ時、その時ほど私共の生が無上に大きく尊く飛躍する時は、恐らく他にないのではなかろうか、如何《いか》にも私共の誇りに誇った智慧も、富も、はては生命までも、たった一陣の旋風に逢った時、一毛の綿よりも軽いものになってしまった。私共はそんなにも弱い小さい者であった。が今、真裸体《まはだか》になって天にひれ伏した今、私共には恐ろしいものは何にも無くなっていた。火も水も悪魔も、私共は世界の何よりも強者であった。おおその代り廿《にじゅう》年と云う私の過去には、一体何の意味があったのだろう、またたく間に唯一つの泡沫《ほうまつ》となってしまう為であったのか……それにしても何とした醜い、何とした真剣さの欠けた嘘《うそ》ばかりの廿年だったろう、而もそうした毀《こわ》れた玩具よりも悲しい過去の残骸を、永久に懐しい人々の前に残して行かなければならないのを思った時、私の身にも熱い涙が滲《にじ》んだ。そして廃墟の画《え》のように淋しい自分の過去を弔う、せめてもの心遣りに私は黙って眼を閉じた。

　こうして一時間が過ぎたか、二日の日も暮れてしまったのか、或《あるい》は五分間とは経たなかったのか、私には殆んど覚えなかったけれど、思いがけなくも私共の上には救《すくい》の手が下った。『皆様‼　もう大丈夫だ……』と誰かが叫ぶと、最早死を覚悟した人々の歓喜は思わず万歳を連呼した。すると又誰かが叫んだ、『助かった人は傷ついた人を助けましょう……』と、再び四方からそれに応ずる声が起った。

　流石《さすが》の猛火も漸く下り坂に向ったらしく、中へ吹き込む炎の度数が余程少くなっていた。熱い空気の中にも時折は涼しい風が含まれてくるようになった。『ああ本当だった』私も悪夢から呼び醒されたようにホッとした。しかしそれと一所に今まで張りつめていた全身の力が急に抜けた。そしてそれから座ったまま私は一分も立つ事が出来なくなった。皆んなも倒れた。急に傷口が骨にこたえて来た。『あっ……』『ふまないで下さい……』『痛い……』『おお立てないかしら』そうした、きれぎれな呻き声があちらでもこちらでも起った。その上に段々人の意識が現実に眼醒めて来るに従って私達は何よりも何よりも恐ろしい事実を見なければならなかったのである。

　しっかりと抱き合っていたはずの親が、子が固く手を取っていた筈《はず》の友と友とが、主人と下僕とが、夫婦が、いつの間にか皆んな片羽鳥となっていた。そしてそれを知った人々は、今更のように火と戦い、死と戦って前後を忘れてしまった数分間の自分を浅間しく眺めた。ひしひしと身に迫る孤独の感はいやが上にも良心をさいなんで来た。そして遂に居ても立っても居られなくなった人の子は、親を呼び子を呼びつつ死人の上を馳け廻った。ああそのあられもない男女の姿が周囲の真赤な火に照し出された時、私はどんなにどんなに自分一人の遭難が感謝されたことだろう。父と一所でなくてよかった、母と二人でなくてよかった。……それにしてもたった一人の私の友は、一体何処《どこ》にいるのであろうか……O氏の一族は……そして見えなくなったと云う男の子は……どんなに耳を聳《そばだ》てても、心を澄《すま》して見ても、答《こたえ》がしない、私の名を呼ぶ声もまるで聞こえない。

私はしみじみ思った。どんなに死が悲しいと云っても、火が堪えられないと云っても、闇に迷う人の心ほど悲しいものがあるであろうか、漸く死の恐怖から逃がれた人々も、今はかえって地獄の責めを受けなければならないのであった。鳥ならば、又草木ならば、どんなに喜んで飛び去ったであろうのに、……人々は皆んなそう云った、何故《なぜ》火の中で父と一緒に子と共に死ななかったのであろうと。けれどもこうした人の子だけが持つ悲しみは、同じ胸から胸へと伝ってやがては美しい同情となって生れた。いつとはなしに倒れた人々の側に、呻いている人の傍に、命の水が、助かった人々の手が運ばれ出して、漸く火の一方に血路を開いて氷の倉庫からは、少しずつ氷がくずし出されて来た。思えば其一夜、私達には唯やさしい人の情《なさけ》がせめては失った親であり子であった。

天災とはいつも此様に突然であるのかも知れないが、余りに不用意で急であった出来事の為に、身も心も綿のようになった私共は一刻も早く夜の明けるのを祈った。そして待ちに待った朝が近づいて来た時東の空が白《しら》み渡った時、私は甦《よみがえ》ったように嬉しかった。空は嵐の後のように、思いっきり和《なごや》かである。暗闇の中に魔物のように赤かった周囲の火もだんだん色があせて行った。

おおしかし、いつもならば、夢を醒ます電車の音も、工場の汽笛も今朝は気味悪く声をひそめてしまった。軒を並べていた暖かい人の住家《すみか》も一夜の中《うち》に瓦と石とに変って、木と云う木は残らず焼杭のようになって淋しく立っている。而も人の子の暗澹たる姿は……私は思わず顔を覆《おお》うた。そこには昨夕の夢がまざまざと、生々しい現実となって一層醜くく横たわっているのであった。赤くただれた人の体、黒くはれ上った骸《むくろ》と、思うと五寸〔約一五センチメートル〕ほども土に埋れた人の死体が限りなく限りなく続いている。処々にはうず高く重《かさな》ってさえいる。そして少しでも生命のある者は、少しでも足の立とうと思う者は、死人を押し分けかき分けて、よろよろと立ち上った。一寸〔約三センチメートル〕でも一尺〔約三〇センチメートル〕でも此悲しい土地から逃がれ出したいと願う人の一心が、唯一本の棒を頼んでぞろぞろと歩き出した。しかし誰もかれも、その黒い顔、ボロボロになった着物はどこでどうしたものか、泥沼の藻をつけて出たようだ。中には真裸体な人さえもある。本当に不思議にもこれが人であろうか、それとも餓鬼であろうか、恐らくは私までも、廃墟にさわぐ亡霊の一つと化《な》ってしまったのではなかろうか。まるで知らない人が見たら何だと思うだろう……おおその亡霊達が一二間〔約一・八〜三・六メートル〕経っては倒れる、五六間〔約九〜一〇・八メートル〕歩いたかと思うと崩れる。

『あなた私達も一緒に行きましょうよ』

突然私の傍にねていた婦人が言葉をかけた。私もふっと立って見る気になった。そして一本の棒切を拾って二人は立ちかけた。婦人はやっと立った。しかし私はどうしても足がきかなかった、たとえ立てても五寸〔約一五センチメートル〕とは歩けまい、私はとうとう云った。

『残念ですけれど私は到底だめですの、どうぞあなた御一人で……』

すると其婦人は『そう、じゃ私もよしましょう』と云ったまま何故か又もとのようにころりと横になってしまった。婦人は足と額とに可成《かな》りの疵があった、そして私共には最早どんな人の身の上も悲しい我身の上であった。

やがて私共の上にはこらえ切れない空腹が襲って来た。しかし勿論一粒の米も、一欠片《ひとかけ》のパン屑《くず》もあろうはずがない。『水だけでもきっと二三日は持つだろう』私はようよう儚《はかな》い決心をした。そして眼を閉じて恥を忘れて水を、水を求める為に私は通る人を呼びとめた。しかし十人に一人、五人に一人、から僅かにきたないバケツの底をさらえて……或は焼跡に落ちていたゴム靴の穴から泥臭い水を口にそそがれるのであった。又中には高い所から私の顔の上に水をふりかけたまま、さっさと往ってしまう人がある。そして折角もらったと思った氷の破片さえも、今度は泥だらけの私の手に握られて、いつしか泥水と変ってしまっているのであった。本当に天命とは云い乍ら、私はまだ一度も、これほどの乞食を見たことが無かった。而ももう私には泣く事さえも出来ないのであった。

　其中《そのうち》にいつしか太陽は私達を真正面から照りつけるようになった。ともうその頃は、少しでも歩ける人は殆んど逃がれ出して、被服廠跡にはただ死人と私達とを除いては、時折五六人の人が通るばかりになってしまった。『ああくやしいなあ……』突然私の頭の方に倒れていた死人が呻き出した、そして体でも起そうともがくらしかった。『おや死人ではなかった』そう思ってびっくりした私は『まあ、あなたも逃げられないの？』と振り返ってきいた。それでも私には一人でも多くの友を見出したことが何となく心強く思われた。けれど不思議にも彼はどこにも傷もなく丈夫そうに見えた、すると彼は云った。『ええ、旋風でも火でも私は助かった、それなのにあの恐ろしい火が来た時、私は一層《いっそ》死ぬなら一思いに、と思ったばかりにピストルをあてた。それが幸か、不幸か、丸《たま》が喉笛《のどぶえ》をはずれた。お蔭ですっかり力が抜けてしまった。』と云うのであった。私の胸にも今更のように昨日からの出来事がありありと描かれた。

　本当にうたかたよりも儚ない人生、その中にあって人の子だけは、どんなに沢山の血と涙とにまみれた現実を持っていることだろう。凡てが夢の中で、凡てが空の中で、冷やかに醒めて居なければならない私達……余りに痛々しい事ではなかろうか……労れきった私の頭にも、とりとめのない思《おもい》が往ったり来たりしている中《うち》に「時」はおそろしく早く流れた。行手に何の宛《あて》もなければ、何の望《のぞみ》もないまるで不安な「時」は、私には一寸《ちょっと》流れれば流れるほど恐怖が増して行くのであった。又あらゆる自由を奪われてしまった私にとって本当に「私のもの」と云うものは、たった今の「この一瞬間」それだけであったと思った時、私は何時までも何時までも流れない「一瞬間」が「時」が欲しかった。けれど遂に二日の夕暮れも来てしまった。

丁度其時、誰云うとなく千葉から救護隊が来たと云いふらされた。そして私達は思わず両手を挙げてこの案外な救《すくい》を喜んだ。おおそれにも拘《かかわ》らず冷酷な神は、やっぱり私達を見捨ててしまった。

『歩けない者よ、明日までお待ちなさい、食糧もないのだ、清水《しみず》もないのだ、少しでも強い者から助けなくっては……』

と云って救護隊はすぐ夕闇の中に消えて行ってしまった。

其夜私達はまた寒いほどひっそりとした被服廠跡の中に、死人を守りつつ長い一夜を明さなければならなかった。そして西の方の空は、東京を焼き尽そうとする炎で真赤にただれていた。

暁近く、つい一日からの労れで仮睡した私は、ふと騒々しい人の足音で眼が醒めた。夜はすっかり明けはなれて最早九時頃にもなろうか……しかし曇《どん》よりと曇った空模様が、しめった土の上に泥だらけの単衣《ひとえ》で倒れている私にはうす寒い。そして多分被服廠の惨状を聞きつたえた親戚知己の人々であろう、列を造ったように沢山の人々が、尋ね人の住所姓名を呼び上げながら、或は名札を高く掲げ乍ら、又或人は黙々とうつむき勝ちに、死人の間を縫っているのであった。すると時折、あちらでもこちらでも『居た居たこれだ、さあもう大丈夫だからしっかりしっかり』などと喜ばしい声が上る。やがて私の前にはそうした人々が傷ついた人をタンカに乗せて、或は焼けトタンに寝かせて忙《いそ》がわしく運び出して行くのであった。ああそれを見た時、私の胸には自《おのずか》ら悲しい事が思い出された。遠い遠い私の家へ、誰が被服廠跡の惨状を伝えてくれたであろうか、電話も電信も切れたと云う、而も一人の知り人もない私……何にも知らない父母は、今にも帰るものと思って私を待って居るに違いない……しかし若《も》しや我友は……O氏の一家は……誰かが一人でも無事でいるならば或は私を尋ねて居るかもわからない……ふとそうした儚ない一筋の望《のぞみ》に力を得た私は、眼のとどく限り沢山の人々の姿をあれかこれかと物色した。と、似もつかぬ人の顔がO氏となって見えた、太った友の姿が、あるのともないのともなく右往左往する人々の間にちらつく、しかし、あっ、あれ……と思った瞬間にもう誰の姿も私の眼からは消えて行ってしまうのであった。又もしかと思いつつ追うていった人影がふと振りかえった瞬間に嘗《かつ》て見たこともない人であることの味気なさ……それにつけても、『わしは十人の家族を失った』『七人の中でたった一人助かった』などと云いつつ水を恵んでくれた人々の言葉が、いつの間にか私の胸には悲しい想像を描いてくるのであった。私はたまらなくなっては時折呼んだ。

『どこかに人力はないでしょうか』『もうそんなものが一台もあるものか』

『トタンでも板でもようございますが病院へ運んで頂けませんか、家は山の手できっと大丈夫なのですから』

『だめだよ、東京中の病院は皆焼けた』

と云って聞く人毎《ごと》に東京はもうこれでおしまいだと云わぬばかりにさっさと急いで去ってしまう。中には『何！　小石川？　どうしてそんな遠い所から来たの……』と云って父母の名を書きとめてくれる人もあったがそれでも『助けてやろう』とは誰一人云わないのであった。今はもう頼りにもならない救護隊の『明日』と云った昨夕の言葉が私にとっては唯一つの望《のぞみ》となった。そして丁度正午近くになった頃、救護隊だと云う兵隊が四五人来て、私達はお握りと生卵子を一つずつ恵まれたので『今度こそ、助けてもらえる……』と思った私は訳もなく元気付いた。けれどやっぱり彼等は卵子の箱が空になると、それで大きな任務でも果したかの如く、私達の声はきき流してどことも知れず往ってしまった。思えば思うほど裸ローソクのように頼りない私達の命である。私達は、もう余程前から空腹を通り越して、食慾《しょくよく》は殆んど無くなっているのであった。唯強いて私はもらってあった一壜《ひとびん》の土臭い水で、やっと一つのお握りを流し込んだ。本当にちょろちょろと消えかかった灯を、それでもやっぱり消すまいとする愚かしい人の心から……。而もどんなに反抗して見ても力きんで見ても、だんだんに衰えて行く自然の力にはどうしても打勝つ事が出来なかった。一日の夜から土の上よりは、と思って枕にしてきた四角な木のころが、今は頭の中へでも喰《く》い込むように痛む。又足の傷、脊中《せなか》の打撲、私はいつしか寝返りをうつ事も容易には出来なくなっていた。しかしこうして私は手を束《つか》ねながら、自分の死の近づいてくるのを一歩、二歩、と読んでいなければならないのだろうか、……がそれはあまりに惨酷なことであった。私は唯最後の務《つとめ》でも果すかのような心持で必死になって全身の注意と気力とを眼に呼びながら、私の運命のさいがどっちに転ぶかを僅かに見落すまいとするのであった。

　それは多分最早四時近くであっただろう、六十歳ばかりの老母が若い娘をつれて通りかかった。そして暫《しばら》く私の顔をのぞき込んでいたが、やがて後《うしろ》の娘をふりかえった。

『ねえ、これも違うようだね』

と老母は娘に云ったので、其意味を悟った私はすぐと答えた。

『はい違いますよ、老母《おばあ》さん』

　そして誰の証明よりも本人の言葉ほど確かなものはないと思った私は、娘より先きにこう答えたことが少しの不思議でもなかった。それなのに老母は何故《なぜ》かそしらぬ顔をして、今度は又持っていた杖の先きで私の着物の縞目を探ぐり初めた。それを見た時、私はあんまりのぶしつけに、思わず老母の杖を払い落そうとしたがその瞬間私の目にはまざまざと変りはてた自分の生が写った。そして遂に私は老母の為すがままに自分の体をまかせた。

又それからほんの暫くであったと思う。

『皆様キリストをお信じなさい、こうした事は二千年前からわかっていました。信じられますか？　覚悟が出来ましたか、これからはいい世がきますよ』

そう云いながら私に近付いてくる人があった、ふと其時私には火の中でも同じような事を叫んだ人のあったことが今更のように思い出された。しかし生きている者に向って何とした心ない言葉だろう――そう思った私は思わず歯を喰いしばってその人影を熟視した。彼は繃帯《ほうたい》で片手を首につっていた。すると突然『あなたはどうですか』と云って彼は私の覚悟を問うた。

『はい、私は生きます』

私の意地はいつの間にか凡ての思慮も、凡ての常識も飛び越えてとっさの中《うち》にこう答えてしまった。其時彼は何と思ったか『はあそうですか』と云って去ったのであったが尚お其頬には薄笑いがのぼっていた。

けれどこの事のあった後、私は何とも云えない寂寥《せきりょう》を心の中に感じないでは居られなかった。ついその前に老母のどんな潜越をもゆるさなければならなかった私、そして今は、今は、何と答えただろうか。『私は生きます』……それは何とした空洞のような手頼《たよ》りない言葉だったろう。私はきっと、死を怖れているのに違いない……いいえそれでも、私の前には生きる為に何の宛《あて》もなければ唯一つの方法もないのであった。そして「死」はいつからか、私の側に私と共に横わっていた。それをどうして今更私が厭《いと》うたりしようか——私にはただ生を無視して犬死をすすめる人の心がわからないのであった。浅い人間の智慧で不可思議な運命に勝手な判断を持とうとする人の高慢な態度がわけもなく心悪《こころに》くかったのだ。其他に何があるだろう……けれどいいえ、そればかりではなかった。私はやっぱりどこかに『生きたい』と私語《ささや》くものを持っている。そして僅かに残されている最期の一瞬間の私の「生」をも本当に本当に尊く思っている。どうかして自分の生を自分から傷つけまいと思っている。そして出来るだけ大切に、出来るだけ強く最期の一瞬間を守りたいと私の心は願っているのである。そうだ、私はただそれだけでいいのであった。

過去であろうと未来であろうと、どれほど小さな望《のぞみ》でも輝やかしい名誉でも、最早私には何の感情も起しはしないのであった。本当に「一瞬間」私は唯それだけでいいのであった。然《しか》るにどこまでも無情な天は、惨酷な神は、貧しい私の手からたったこの「一瞬間」をさえ奪ってしまおうとするのであろうか、…………

朝から曇り乍らも今まで持ちこたえて来た雨雲が、このとき一粒ずつの雨となってポッリポツリと降り初めた。そして間もなく一枚の眼を覆う布もない私共を真正面から用捨《ようしゃ》なくたたきつけるようになった。

『ああ、この雨がしのげるなら……どんな焼け跡でもいい、一枚の戸板でもいい……おお其他に私は何にもいらない……』

　私は思わず叫んだ。殆んど無意識に私の心は『雨がしのぎたい』とつぶやいたのであった。すると不思議にも、本当に思いがけなくも、それをきいた偶然が、ニッコリ微笑《ほほ》えみ乍ら私の傍へ近寄ってくれた。

　私は間もなく私の前をトボトボと通りかかった一人のみすぼらしい、ハッピを着て黒い眼鏡《めがね》をかけた卅歳《さんじっさい》過ぎの男の人を呼びとめていた。そして『どうぞあの焼跡へ入れて下さい』と云った私の眼には被服廠跡のすぐ入口に一つさびしく取り残されてあるコンクリート造りの四角な焼跡が天の賜物のように写っていた。と、彼は暫《しばら》くの間、私の姿とコンクリート造りの焼跡とを見並べていたが、それでもなお五分とは経たない中《うち》に、私はその黒い眼鏡の人に負われて悲しい思出《おもいで》の場所から一歩離れていた。

　そしてふと気がつくと、いつの間に帰って行ったのか、さっきまでは死人を尋ね求めていた人の声も姿も見えなくなってあとにはただ死人の上に、しとしととふりそそぐ雨の音だけが広い広い被服廠跡を占領してしまっていた。

元気と希望とに充ち充ちた夏の朝の太陽が雨上りの紺碧《こんぺき》の空に誇らかに輝き亙《わた》っていた。それは丁度四日の朝であった。

私は偶然この世への途上をすべりつつある荷車の上に、仰臥《ぎょうが》している自分の姿を見出した。

そして思わず新鮮な朝の大気を、胸一杯に呼吸した私は、やがて心の底から霊妙なもの、不可思議なものに対する感激が、とめどもなく溢《あふ》れてきた。又凡てのもの、凡ての事が私は急に新しい驚きと歓喜とを呼び起してきた。

私の眼にはまだまざまざしく、雨にうたれ、火に焼かれてぶくぶくと腐蝕した私の肉塊が同じような死体の累々と重って涯しもない被服廠跡に転がっているのであった。或は時をおいてゲラゲラと云う悪魔の笑いを聞くような沈黙が巣喰うて、コンクリートの四角い焼跡の中で、眼をとじている青白い自分の顔が、尚はっきりと浮んで来るのであった。と思うと、いつの間にか私は冷たい板の上に真黒な闇を通じて、天井に渡された大きな太い梁《はり》を、じっと凝視《みつ》めているのであった。

おおそうした私が、どうして何時の間に輝かしい荷車の上に乗せられたのであろうか。

私は不思議な運命の糸を静かに手繰り寄せた。と、それは、昨日の夕方私が黒い眼鏡のみすぼらしい男に拾い上げられてから、間もない事であった。私はコンクリート造《づくり》の焼跡の中で、今しもその人の背中から瓦と石の積み重った上に下ろされようとしていた。するとどうしたはずみか、そこには四五人の男達が私達より一足先きに、廿四、五の女の人を助けて来ていたのであったが、彼等は今から両国橋の側に設けられている救護所へ彼女を連れて行くのだと語った。又その中の一人が『折角のことにお前さんもあそこまで助けておあげなさい、じき近くのことだから一緒に行こう』と云って私を負って来た人にすすめてくれた。ほんの今、『雨だけでもしのげたら……』と願った私にとって、それは本当に夢のような神のささやきであった、而も嘘のような真実となってあらわれて来た。私はそれから三十分もすると、第四救護所と書かれたどこかの倉庫の中で、薄暗い板敷の上に雨のしずくをよそにききながら横《よこた》わっていた。そして長い間暖かい人の情《なさけ》に飢えていた私は思わず知らず人の情の前に合掌していた。

けれど若し、若し運命の神がそのまま手を引き込めてしまっていたら私はただ死処を僅かに土の上から板の上に変えられただけで終ったのであったろうに……。私の前にも私の後にも、次から次へと沢山の半死の人が救護所の中へ運ばれてきた。しかし彼等も皆そこまで来ると『後は勝手に生きるなり、死ぬなり』と云ったように放り出されてしまった。又救護所とは云えそこには、同じく食糧も水もなく、医師さえも居るのか居ないのか、漸く拾われて来た人々の命も順を追うて倒れて行くのであった。……そうした中で私が夜中、親も及ばない程の看護を受けた彼は、本当に一面識も持たない、唯一介の馬方なのであった。彼は又一字も知らなかった。そして黒い眼鏡の下には明《めい》を失った片方の眼を遠慮がちにかくしていた。

『三河島《みかわしま》まで来ませんか、一先《ひとま》ず私の親方の家に来るのはいやですか、食物だけは不自由しないでしょうから』

長い一夜が明けた時、夜の食事も朝の食事も遂に与えられなかったのを見た彼は、見兼ねたようにそう云ってくれた。そして私には、どこまでとも量り知らない人の真情にとうとうすがるより他に途は無くなっていた。――

ここまで追想の坂路をたどって来た私はこの時ふと、死と生との岐路に立って右と左とに別れた人々の姿を思い出した。そこには、頭のわれた人があった、手が折れたと云う人があった、水!!　水!!　と叫びつづけている人もあった。そして寒いと云ってふるえながら丸く抱き合っている親子があった、又すぐ私の隣には『私もやっぱり知らない人様にここまで連れてきて頂きました』と嬉し泣きに泣いてきかせた、どこかに品のある五十歳前後と思われる老母があった、私は流石に再び救護所を出ようとした時、後に残されたそうした人々の心の中がわびしかった。

『ではさようなら皆様』

私はそう云って、一夜の宿を共にした気の毒な人々に心からの挨拶をしたのであった。すると又隣の老母は『御気嫌よう、お大事になさいまし』と云って私を送り出してくれた。私は今更のように老母の云った言葉がはっきりと異様なあざやかさで思い出されてきた。

それにしても老母からこうした言葉を送られた私は何とした果報者であったろう。……

其時不意に、長い両国橋を渡りきった私の荷車がガタッと大きな音を立てて再び土の上に下りた。と忽《たちま》ち私の頭にあった「過去」の幻もバラバラとくずれてしまった。そして私の前には、ただ遥かに遥かに路もない瓦石《がせき》の焼野が続いて、毀れた鉄条網のような無数の電線が赤茶気て、千切れて結ぼれて地上を這《は》っているのが如何にも昨日の惨劇を語っていた。私は本当に長い長い旅のつかれと、逸《はや》い足の悪魔について一分間毎に変る未知の世界を、見て廻ったような異状な驚きとで、頭から足先きまでぐったりとなって、そのまま揺れる荷車の上に眠ってしまった。

（山本美編『大正大震火災誌』改造社、一九二四年）

燃える過去

野上彌生子

大正十二年九月一日の午後二時過《すぎ》。あの怖ろしい地震を近所の小さい公園〔日暮《ひぐらし》公園〕の中に避けていた私たちは、西南の方に当って二三の爆音を聞いたと思ううちに、今まで正面の空一杯に立ち塞がっていた厖大《ぼうだい》な雲の峰――夜に入ると共に、これは下町のもの凄い火焔の姿を現わしたのであるが――とは別な黒煙を千駄木《せんだぎ》の森越しに認めた。本郷の大学〔東京帝国大学〕が燃えているのだと云うことが分った頃には、私たちの頭の上には盛んに灰が降って来た。灰の中には多くの紙片が交って飛んで来た。よく気をつけて見るとそれは書物の燃《も》え屑《くず》らしかった。黒く焦げてはいるけれども、或《あ》る紙片の表には明らかに古本らしい印刷の文字が読まれた。ラテン語の燃え屑を拾った人もあった。私たちは図書館が焼けつつあることを軈《やが》て知った。

『知識の宝庫が燃えている。』

少しでも書物を愛することを知っている者は、戦慄なしにそれを見ることは出来ない筈《はず》である。私は目の前の空に流るる煙を眺めながら頭に降りかかる灰と、絶えず起る地震の中で、様々なことを考え続けた。私は五六日前までいた日光の山の中で毎日楽しみにして読んだ書物の一つの中に、恰度《ちょうど》今目前の光景と同じ場合を描き、且《か》つ、その貴重な焼失物に対して、独特の果断な解釈を与えていたことを思い出した。それはバーナード・ショオの戯曲で、アレキサンドリアの図書館の火事に際する、シーザーと王トレミーの師、シオドタスの対話であった。私は地震と火事の騒ぎがやっと静まって、久しぶりに自分の机の前に坐《すわ》った時、その対話の下に記念のために線を引いた。それは斯《こ》うである。——

シオドタス　みんな焼けてしまったのです。シーザー、あなたは書物の価値も分らない野蛮《やばん》な軍人として後代に示され度《た》いのですか。

シーザー　シオドタス、わしだって著作者だ。が、エジプト人は一にも書物、二にも書物で酔生夢死《すいせいむし》の生涯を送るよりは、自分たちの本統の生活をする方が大事だ。

シオドタス　不朽の書物は十世紀にやっと一冊きり出来はしません。

シーザー　その書物だって人類に役立たなくなれば焼かれるだろう。

シオドタス　歴史がなくなれば、死はあなたを一兵卒の横に寝かせますよ。

シーザー　死はどんな時だってそうなのだ。わしはそれ以上の墓を求めはしない。

シオドタス　其処《そこ》に焼けているのは人類の記憶です。

シーザー　恥ずべき記憶だ。燃えるがよい。

シオドタス　あなたは過去を滅ぼす積りですか。

シーザー　なに、その廃墟で未来を建設するのだ。だが、聞き給え、シオドタス、君と云う人はポンペイの首をば羊飼《ひつじかい》が一箇の玉葱《たまねぎ》を買うほどにも買わなかった癖に、間違いだらけの、けちな羊皮のために、老の目に涙をためてわしの前に跪《ひざまず》く。だが、わしはただの一人もバケツ一杯の水もそのために貸しはしない……

（『改造』第五巻第一〇号、一九二三年一〇月）

大切な原稿を土ふかく埋めておけばよかった

与謝野晶子

恰度《ちょうど》一日の午後一時から、川崎で私達の歌の会が催されることになっておりましたので、来客を帰してから、十一時半頃大急ぎで食事をし、髪を結い着物を着かえていると、地震がはじまりました。第一震はさほどでもありませんでした。それで少し静まるのを待って、最初のお約束どおり東京駅に行こうと思っておりますと、突然激しい第二震が来ましたので、子供達を机の下やピアノの下に入れました。

何しろ私の家は古いので、いつ崩れるかしれないと思いまして、終《つい》に一家族みんなで、外壕《そとぼり》の土堤《どて》の上に避難いたしました。すこししずまってから、お米や夜具のようなものを少しずつ持ち出してきて、丁度《ちょうど》二晩ばかり、土堤の松の樹陰《こかげ》で野宿をいたしました。

夜になって、どちらを見ても火の海で、ほんとうに恐ろしい感じがいたしました。

あの場合には、自分達の生命が第一で、それが安全に保たれたならば、それ以上家財などは何も出そうなどとは思いませんでした。ただ文化学院に保管しておいた十六年来の私の尊い原稿が全部焼けてしまったことが残念でなりません。あとになって考えたのですが、ああいう貴重なものは、いつも自分の手もとにおくなり、或《あるい》は土深く埋めておくなりしておけばよかったと、しみじみ感じました。

（『婦人世界』第一八巻第一〇号、一九二三年一〇月）

哀しみの追憶より

厨川蝶子

思いがけない今年の秋の災害は私共《ども》の身にもふりかかって此《この》世から良人《おっと》〔厨川白村《くりやがわはくそん》〕を葬ってしまいました。鎌倉の山の懐で、たった五人だけで寂しいお葬《とむら》いをしたのですが、その静かに寂しいのが仰々しい葬列とか、儀式めいた虚礼とか言うものを平常《ふだん》から嫌っていた夫の臨終としては、却《かえ》ってふさわしいものであったような気もします。柩《ひつぎ》の周りには、良人が平常から最も愛していた二人のお弟子と、京都から献身的につくしたいと言ってわざわざ自分から附《つ》いてきたクリスチャンの或る大工と、今度の遭難で色々面倒を見て貰った鎌倉の植木屋の主人と、私との僅《わず》か五人で静かな野辺おくりをしたのでした。暮方の靄《もや》が鼠色に漂う路々には、萩や野菊が美事にこぼれ咲いていたのを、みんなで手折りながら、それを棺《かん》の上に捧げて火をつけることになったのですが、四辺《あたり》は樹立《こだち》が蒼黒《あおぐろ》く繁って、その間に芒《すすき》の穂などが細い銀鼠色に光っていて、心の底までもしんとひきしまってくる夕方でした。私は自分で火をつけるにしのびなくて、一人だけ逃げるように、早く山をかけ下ったのですが、日は次第に暮れる、柩につけた火が夕風に低くたなびいてきて、いつまでもいつまでも麓の方へひくく流れてきた時の気持を何と云ったらよいのか、ただ厳粛な悲壮な気分におののいていました。翌朝《あくるあさ》、朝露のまだ干《ひ》ぬまに再び山を上った時には、夫はもう白骨になっていました。真白に砕かれた、綺麗な白骨を一つ一つ拾ってゆくときには、新たな感慨はまたしても胸の底からこみあげてきて瞼《まぶた》が熱く熱くなってきました。やがて京都にいる三人の子供達〔文夫、次郎、守〕が、私が捧げて帰る父の遺骨を見た時に、どんな気持がするだろうかと、それを思うと心が一杯になってしまいます。子供達は今でも鎌倉へゆけばきっと父に逢えるような気がしていることでしょうに、こういう骨瓶《こつがめ》などをだいて帰らねばならないのは余りに苦しい現実の夢だと思います。

　厨川のことは何と申しても私が一番よく知っている筈《はず》です。私でなければ分らないことが多いだけに、言いたいことも書きたいことも沢山あるのですが、今はもう何やかやと疲れきっていて、落着いて筆をとる気持が出来ていませんが、おたずねですから、簡単にお話してみましょう。

　厨川に対して、私が平常《ふだん》から最も敬意を払っていたのは、その生活態度の真剣なことでした。それには何時でも頭を下げました。なまけるとか、誤魔化すとかいうことがなくて、自分の信念をその儘《まま》実行する人でしたが、あれに人並の健康があったらとそれが残念でならないのです。体が弱かったというのも、その原因《もと》をたずねると粗食と、過労のためでした。学生時代には東京にいながら、浅草一つ知らなかったというのですから、下宿屋などもごく粗末なところに住んでいたと見えます。良人の生れた家《うち》は貧しかったものですから、家《うち》の方では尋常師範へでもいれる考えだったらしいのですが、小学時代の先生から認められて、学資の補助を受け、京都の第一中学校へ、それから第三高等学校を出ましたのです。大学校は東京でしたが、その頃両親から僅か六円（明治卅七《さんじゅうしち》年卒業）の仕送りしか受けていなかったそうで、あとの不足の分は、自分で原稿を書いて雑誌に出したり、小石川の下宿から築地の外国人の家《うち》まで徒歩で往復して日本語を教えに通ったりして、苦学をしていたそうです。それでも二年生からは特待生になったので学資の心配はいらなくなりましたが娯楽と云っては囲碁を一つうつでもなし、学生時代から古本屋をめぐるのが何よりも楽しみだったという夫は、自然友人との附合《つきあい》も少く、そのために色々な反感を買ったこともあったようでした。

大学を出ると間もなく、熊本の五高に奉職することになったのですが、その時の卒業論文は、「詩文にあらわれたる恋愛」というのでした。厨川自身はその当時、東京の大学院に残って、夏目先生〔夏目漱石〕の門で研究をつづけたかったそうですが、熊本ゆきは仕方のない事情だったと見えます。五高に奉職すると同時に両親を養って、今までの学費の恩に報いていたので、三十九年に私と結婚をした頃には、まだ下宿屋住いをしていて、机一つに本箱一つだけの質素な良人の当時が偲ばれます。その翌年、私が妊娠した頃から、京都へ変るという話もありましたので、私だけ一足先に京都へゆき、間もなく夫も移ってきたのですが、三高の教授時代の生活も亦《また》きりつめた苦しいものでした。「文学十講」を著したのは丁度三高時代でしたが、それが世に出ると間もなく、留学の話が持ちあがって色々と準備に取かかることになったのですが、不幸にも左の足に受けた僅かの火傷がもとで、左脚を切断することになったのはその際のことで、あの頃も留学を眼前に控《ひか》えていましたので、死にもきれずに苦しみ悶《もだ》えていました。それでも大学の先生方のお力ぞえで漸《ようや》く退院すると間もなく、日本の海を離れることになりましたが、辛抱強い性質だけに、自分の学問のためには斃《たお》れる覚悟で洋行の途《と》に上ったものでした。留守中の生活もかなり苦しかったものでしたから、それを気づかって洋行中に送ってきた原稿や何かで、両親の生活を支えたのですが、そういう風に自分だけはどんな不自由に堪えても、人々は不自由させたくないのが厨川の平常からの心持でした。また良人は一体に金には淡泊な性質で、近頃も机の抽斗《ひきだし》を片附けていました時、封筒が出てきたのを何気なしにあけてみると、金が出てきたことがありましたが、講演会か何かで貰ったのをその儘忘れていたものと見えます。平常でも財布を持って歩くことを面倒がって、古本屋などで好きな書物が見つかった時は、人にとられないように奥の方へその本をおしこめておいて、帰ってきてから私に金をくれとよく言ったものでした。最近一二年はもとからの腸出血が一層激しくなって衰弱しきっていたのですが、それでも近い一人旅などはいつでも三等にきめていました。子供とか私を連れている時には二等にしましたのも、人には苦しい思いをさせたくないという平常《ふだん》の気持から出ることなので、家庭内の生活にも夫のその心が事々に動いていました。生涯の計画《プラン》は果せるだけ果して死にたいと願っていた良人はいつでもよく仕事のためには早起きをしましたが、その時などでも家人の目をさまさぬようにして、音もたてずに一人で書斎へはいっていました。夜はまた十時頃になると、幾度も自分で女中部屋へいって、女中達を早く寝かせてから、自分だけは一時までも、二時までも仕事をつづけているのが常でした。併《しか》しそれも普通の健康体でしたら、言うほどのことでもないのですが、本棚の書物を一冊とるにも、人手を借りなければ苦しい体でありながら、自分のことは努めて自分でしていたのです。食事なども昨年の五月頃からはずっと一日一食で、朝はコーヒーをすすり（夫はコーヒーが好きでした）夜はお粥を僅かに一膳きりしかとれない程衰弱していたのです。大学の先生などもよく「厨川さんのようだと大抵の人なら、病院で高枕をして寝ているのに」とおっしゃっていらっしゃいましたが、良人は寝ている時でも寝床の中できっと何かしていました。便所の中へでも仕事を持ってゆくという風でした。「今何を食上《めしあが》っていらっしゃるのですか。」とたずねてみても知らない場合がよくあったように、僅かの時間でも惜しがって仕事に熱中していたのですが、その間《ま》にも人様の面倒だけは十分見てあげるように努めていました。「人様には自分がしてきたような苦しみをさせたくない、好きな道を自由にひらいてあげたい。」と何時《いつ》でも言っていましたし、そのために実行もしていました。私などにも、洋行中に苦しい生活をさせたことを済まないと言って、出来るだけのことをして、自分で慰もうとしていました。それも最近二三年頃のことですが、着物などでも出来るだけのものを私に着せて、自分で楽しもうとする厨川の心持がよく分りましたから、私もやはり喜んで貰いたさに身につけていました。又旅行をしても、人様のように先々で賑《にぎや》かに遊ぶことの出来ない性質《たち》でしたから、一人で淋しいからと言っては、私や子供をなるたけ傍に近づけておきたい気持でいたようです。

　殊にこの夏は、その気持が強く動いたらしく、鎌倉に来てからなどは、子供が一日、「叔母様の処へゆきたいから東京へ出して下さい。」と言った時にも、「何も今度に限らなくともいいではないか。又この次、冬にでも来た時に行ったらいいではないか。」と何時にもなく怒っていたのを聞いた時は変な寂しい気持がしました。普段の厨川でしたら「子供がいなければ落ついて書けるのに」と、よく言っていたのです。又私が親戚の別荘をたずねて遅くなった時にも小言を言いましたので、「どうして此頃はこんなか知ら」と思っていたのですが、今から思えば無意識のうちにも何かの予感が動いていたのでしょうと思います。さぞかし淋しかったであろうと今から思えば悲しく胸にこたえてくるものがあります。淋しい思いをしながら、自分の血を絞っては仕事をつづけていたのです。

　夏休みの前などでも学校から帰ると、いきなり鞄《かばん》を投げだして苦しそうに、仰むけに寝た姿なども、今私の目の前にありますが、学校で講義をしながらも、苦しさに机にかじりつきながら、出来るだけ色にあらわさずに努めていたと思われる我慢強い真剣な良人の姿なども見えてきます。今年の春の末頃でしたか、「女性改造」の講演会で上京したあとでも、「厨川という男の声はさぞ気力のない声だと思うだろう。自分はもう大きな声では物が言えなくなった。」と言っていましたが、あれが東京での最後の講演だったのです。

それでもこの夏、軽井沢の夏期大学にいました頃は、あの秋のように清澄な高原の空気が頭をよくし、体の具合もよくしたものと見えて、「軽井沢へ来てからは随分よく書けた、体の具合も大変によくなったから、この具合でゆけば、今年の秋は実のいった仕事が出来るだろう。」と喜んでいたのでした。良人はもとから軽井沢が好きだったのです。私は海がすき、子供も海がすきでしたから二三年前までは軽井沢へ行きませんでしたが、たってすすめるので、私もはじめて行ってみたのですが、月の美しい晩など、「こんないい月は高原でなくては見られない。」と言っては、足の悪いのを忘れたように、露をふくんだ秋草の咲き乱れる野をしきりに連れまわったこともありました。それでも軽井沢では子供の好きな水泳が出来ないので、鎌倉にゆくことになったのですが、俗悪な夏の鎌倉は嫌いだと普段から良人は言っていました。鎌倉でも冬の鎌倉とか梅が咲く頃の鎌倉は静かで暖かでしたから、よく八幡様のあたりを散歩しながら、「実朝《さねとも》〔源実朝〕はこんなところで歌を詠んだのだろう」と言っていたこともありましたが、今年の鎌倉はわけて暑苦しく、軽井沢との気温の変化がはげしかったためか、体が一層衰え気味になってきました。それでもある夕方など、私や子供が海から帰ってくると、良人は自分の手で、風呂をわかしてあったことがあります。女中を連れてゆきませんでしたから、流しもとや風呂場は私の仕事でしたが、その時はほんとに勿体《もったい》ない気がしました。そして仕事のひまひまには水を撒《ま》いたりするのを自分で楽しみにしていました。

八月の三十日に、三人の子供が鎌倉をひきあげるという時には、体の具合がよほど悪かったにも関らず、良人はどうしても横浜まで送ると言って、無理にも見送りに出たのですが、あとで子供達から聞きますと、長男（十七）の文夫が父の体を気にして、汽車の出る間際になってから、急いで駆けていってアイスクリームを買ってきて渡したそうです。すると、「もう汽車が出るのに何をする。」と叱《しか》って、今度は自分が三人の子供にアイスクリームを買って渡したということですが、そういう場面が父と子の最後になろうとは思いもよらぬことでした。その時も非常に疲れて帰ってきましたが、そのあとから夫が子供に送った手紙がありましたが、その中の文句に（次郎や守は汽車の中で上衣《うわぎ》をぬぐことを知っていたか。）と書いてありました。十七にもなる文夫の方はともかくも、日本人は無作法だということを普段から父に聞かされていた小さな子供は、暑い汽車の中でも上衣をぬがずにじいっとしていたのではと気づかって書いたのでしょうが、子供を愛していた厨川の心はこの一言にも分ります。

外に出ては色々の苦しみを堪えしのび、家《うち》にいても家族の者の面倒をよくみて、一切の苦痛を身一つ胸一つにひき受けながら、尚《なお》あれだけの努力を続けていたのですから、良人の生命が短かかったのも無理がないように思います。只管《ひたすら》真剣に、正直に、文字どおり懸命の努力をつづけていながら、しかも自分の終生の仕事として残しておこうとした、専門の著述は二つとも未完成のままで、不慮の死をとげてしまったのですから、私の胸は今、厨川に気の毒だ、可哀そうだと思う心で一杯なのです。「もう一年でいいから生きたい。」と言っていた良人の声が、今私の胸をえぐるように苦しいのです。

あの九月一日の災害の時にも、倒れた家《うち》から漸くぬけだしてから、

「家《うち》に原稿を残してきたから取りにゆく。」と言い出してきかないのです。足の悪い良人ひとりを取りにやることは出来ませんから、しきりに止めたのですがどうしても聞きません。「それでは私もまいります。二人一緒に死ぬ覚悟でまいりましょう」と言いましたら、

その時良人は、

「お前が死ぬといけないからそれではよそう。」と言うのです。私は吃驚《びっくり》して良人の顔を見ました。その時ほど夫の愛の深さを身にしみて感じたことがありませんでした。自分には到底厨川だけの大きな愛はないとはいつも思っていたのですが、あの時こそは、身うちにこたえて勿体なく、これから先はどれだけ愛しても愛し足りないと思いましたのに、それがもう出来なくなってしまったのです。今となってはせめて、良人が残した子供を二人分に愛して、子供達の天分を、良人ほどの苦労をさせないで、のびのびと育ててやりたい

と思っています。それから毀《こわ》れた家《うち》から取出した良人の書類を、私は出来るだけ処理して、一日も早く世に出したいと思うことと、この二つが私に残された大事な仕事なのです。子供達が一人前に育ち、良人の残した仕事が片附くまでは、私はどんな苦しみにも悩みにも打堪えて、死以上に苦しい生をつづけてゆかねばならないと思っています。厨川の死をみつめた時には私も良人をさらった海の中へはいって共に死にたいという願いを、ほんとうに私としては圧《おさ》えきれない程願ったのですが、しかしあの血みどろになってでも生きてゆくという生活状態をとった良人のことを考えると、私ばかりがたやすい死の道を選んで、今後の生活の苦しさ、寂しさから遁《のが》れることが出来ません。「すべては子供たちの大きくなる日まで。」私は今そう覚悟をきめております。それによって良人がかねてから言っていた「自己放棄の自己主張」ということを、自分の体でほんとうに実現されると自覚しています。厨川の恋愛観などにあらわれている思想も、真実の体験から出たもので少しも間違ってはいないと私には思われます。

　四十度の高熱に唸《うな》されながら、死の際まで、遺稿のことを言いながら、厨川はとうとう亡くなってしまいましたが、私はこれから身をもって良人の主張を生かしてゆかねばなりません。それが亡き人の霊に捧げる唯一の愛だと信じています。

（――遺骨をだいて京洛に帰らんとする前夜――）

（『女性改造』第二巻第一一号、一九二三年一一月）

保田で拾った生命《いのち》

原　阿佐緒

大地震があってから、もう一ヶ月も経ちますのに、まだ私たちは時々かなりひどい余震に脅《おびやか》されながら、恐ろしい経験から得た神経過敏さで、慌《あわ》てておもてに飛び出そうとしかけるのです。この一ヶ月は何をしていたとも云えない間に混雑のうちに過ぎてしまいました。この頃でこそ、丘の上に取り離された私の住居《すまい》〔靉日荘《あいじつそう》〕は、以前の静けさにかえってひっそりとしましたものの、半月あまりは大勢の避難者が階下と云わず階上と云わず一杯に充たされていました。それも最初のうちは、つぎつぎにやって来る余震のために、家の中に寝ることなどは思いもよらないことで、炊事道具を皆外へ持ち出して露宿するのでした。大工が使ったとたん張りの仕事小屋、それが唯一の雨露《うろ》を凌《しの》ぐ家であって、まるで地べたに蒲団《ふとん》を敷いて寝るのでした。主にここに避難して来た人たちは土地での知り合いのない避暑客たちでありました。電灯もつかない夜を乏しい蠟燭《ろうそく》の明りで過したり、僅《わず》かに役場で心配してくれる米で握り飯をつくって、その日その日を過したのでした。

この地方では火災は免れましたが震害がひどかったので、私のこの住居《すまい》から下へさがっての町の方は見るも痛ましく軒並みに倒潰してしまったのでした。一軒の家に四人もの圧死者を出した家もいく軒かあるのです。私は地震後すぐに知合いの小さい子供たち三人を預かりましたので、当分はつい町に出ることも出来ないで、その当日の惨状をまのあたりに見ることは出来ずにしまいましたが、みんなの話などで、まるで戦争のようだったとも聞いていました。同じく避難して来られた医師の話では怪我人を担荷で運んで来るので、それを診察している間にその人たちが次ぎ次ぎに死んでゆくのはいくら医者でも厭になってしまうと云うことでした。すべては私を戦慄《おのの》かせる惨話ばかりでした。この狭い土地で六十人近くの圧死者を出したという事は、いかに震害の大きかったかを思わせてくれます。

地震の来た朝は、暴風雨の僅かに和《なご》んだときでした。昼近くなってA〔石原《いしわら》純〕の出かけた留守に、私は原稿を書いていたのでしたが、最初ドシンと突き上げたようでしたが次にグラグラと来たので、私は「地震だな」と思いながらも、大したこともあるまいと再び原稿紙に瞳《ひとみ》をおとすや否や家が大きく傾き、一どきに無茶苦茶に揺《ゆ》れ出し、ものの倒れる音、壊れる音が錯綜《さくそう》して何とも形容することの出来ない物凄《ものすご》い音響となっていました。私は、「もう駄目だッ……」と思うと今まで海水着一枚でいたのに気づいて椅子《いす》にかけてあった着物を取ろうとしました。けれどもその着物が大風にあおられているようでどうしても肩にかからないのです。私はいよいよ、「この新らしい出来たばかりの家で、一人で死ぬのだな……」と思った瞬間、いいしれぬ満足に似た悲壮な……とも云うべき感情が身内を走ったのを感じました。それでも、この家に今私の外に人はいないのか、それをたしかめようと、私はドアを押して若《も》しかしたら二階にいると思ったK氏を二声ほど呼んだのですが、ガラガラカタカタとものの倒れたり壊れたりする音で、自分の声さえ消されて了《しま》うのでした。するとK氏を呼んだ私の声をききつけたものと見えて、台所口にいたらしい女中が、（そこから外に出るのには二三歩であったものを）死人のような顔をしながら声もえたてずによろめきながら却《かえ》って私に近づこうとやって来るのです。それを見た私は、夢中になって、「お、きぬ」とその女中の名をよびながらかき抱《いだ》きました。私は、「大丈夫だ、大丈夫だ」とその外《ほか》の言葉を知らぬもののように叫《さけ》びながら、廊下の壁に添うて、やっと台所口までやって来ましたが、あまりものの落ちる音がはげしいので、それに年は小さいのですがまるく肥《ふと》った女中の身体《からだ》の重たいのや、その間《ま》にひどく揺られるので恐怖にすくんでいる足は容易にうごきませんでした。

　私の心は「もう駄目だ、きぬ！　お前と二人で……」と叫んだのでした。其中《そのうち》に、大きく家の傾いた瞬間であったでしょう「静かになるのかな」と思った僅かの余裕が、私たちの体の運動をいくらか楽にしたようでした。「ともかくも出て見よう」と声に出して云うや否や小さい女中を抱《いだ》いたまま私は外に飛び出してしまいました。そして二人でまつわりまつわられながら家の傍《そば》の草の生えた土堤《どて》に這《は》いあがって初めてホッとしたのでした。けれどまだまだ家は前後に大きく揺れています。私は今倒れるか今倒れるかと思って息もつかずに見ていました。すこし心に余裕が出来てくると、まだかえって来ないＡのことが心配になった折柄Ｋ氏がやはり二階にいたのだと云って降りて来られたので、Ｋ氏にすぐ町の方へ行っていただくと、そのゆきちがいに、Ａは裸足《はだし》のまま蒼白《まっさお》になって馳《か》けて来ました。私は「まあ、よかった」と思いました。そして「壁や何かがみんな落ちてしまいましてよ」と云うとＡは、「それどころではない、下の方はみんなつぶれてしまった、ここも（私たちのもといた旅館〔松音楼《まつねろう》〕）何も、そしておかみさん〔昼田愛〕も女中もその下になってしまったの」と云うのです。「あなたはその時何処《どこ》にいらしったの？」と私は言葉せわしくききかえさずにはいられませんでしたが、Ａはやはりそのつぶれた家にいたのだそうでした。

殆《ほと》んど一緒に飛び出たそこの若主人〔昼田昇〕は石塀だか石の門柱だかの倒れるのにぶっつかって額に怪我をしたと云うことでした。そしてＡたちが飛び出した一歩後にすぐ二階家のその家が倒れたのだそうです。「私はとび出した瞬間にはねとばされて転んだが、どうしても起きあがれなかった……」とＡのこえはどもってたどたどしかったのでした。私はそれを聞いてから急に恐ろしくなると同時に、また何という感謝が湧《わ》いたことでしたろう、私はひざまずきたい心を押えてともかくも××へゆこうとＡと一緒に山を降りましたが、途中で、みんな口々に海嘯《つなみ》が来ると云って、いろんなものを背負ったり、泣いている子供の手を引いたりして、倉皇《そうこう》として走って来るのに出遇《であ》い、「あぶないからお引きかえしなさい」とみんなが云ってくれるのでどうしようかと思っている際、前に預かったと云いました三人の子供たちが、その群《むれ》の後から手を引きあって来るのを見つけたのでした。「海嘯が来るからおくさんのお山へゆくの、母ちゃん潰されちゃったの……」と小さい五つの子が泣きもせずに緊張しきった顔で私につげるのを聞いて私の胸は一時に塞がれたようになるのでした。

私はともかくも、その三人の子供たちを連れて山へ引きかえしたのでしたが、その時はもう、私の丘の家をとりまいて避難者が一杯でした。

そうした人達の中には、負傷者がそちこちに見られました、石に挫《く》じかれた手、瓦《かわら》が落ちて血の滲《にじ》んでいる額、転んだ膝《ひざ》の傷、そうしたむごいものが私の眼のまえにありました。私はすぐ家にあった薬を幸《さいわい》に、ガーゼを繃帯《ほうたい》がわりにして巻いてやる、平生は人の血を見ることに非常に臆病な私はこの時ばかりは手のふるえも知らずに、どしどし薬をぬっては巻くことが出来ました。ただ若い婦人が白地の浴衣《ゆかた》に生々しい血痕《けっこん》をにじませて、額から流れた血に顔をよごしていられたのには寒けを感じましたが手はよくうごいたのを今になって不思議に思っている程です。少し静まるともう昼も大分過ぎていましたので、何も知らない頑是《がんぜ》ない子供たちがお腹《なか》が空《す》いたと泣いているのがあります。私は女中を指揮して早速御飯を焚きはじめました、しかし平生少人数な私たちの炊事道具は、こんなときにはなかなか間に合わず、御飯をたくさん焚こうにもお釜が小さいやらで大混雑をしながら、それでも漸《ようや》く夕方まで御飯を焚き通してみんなに配ったりしました。とにかく浜の人たちが恐怖していた海嘯も来ず、その夜《よ》は土地の人は大方は帰りましたが、まだ後に避暑客たちを混ぜて四五十人もの人たちが残りました。みんな落ちつかずにとても眠れはしません。私も地の上に板を敷いて大空の星のまたたきを見つめながら、この夢のような出来ごとを思ったことでした。すべてが未曽有《みぞう》な経験でありましたのです。

翌《あく》る日の朝の太陽は私たちに何という異常な印象を与えたことでしたろう。低い山々は暗らく曇っているなかに、太陽が真赤に血のような色をした円い輪廓を見せているのでした。もういつものような光が出るかと思っても、いつ迄《まで》たってもその儘《まま》でいるのです。暫《しばら》くのぼって色は稍々《やや》黄ばんでもやはり円く見えたのは何ということでしたろう、凶変の後という感じがしみじみと私の胸をうちました。前日の地震の日の夕方の空もやはり異常を極めたものでした。私はいまだ曽《か》つて、ああ云うもの凄い空に接したことはありませんでした。山や田や樹木や、すべてのものは暗らく死んだようにどんよりとひそまっているのに低い空の僅かな部分だけがぱあと明るく黄いろい光を照らしているのでした。私は今ここにとてもその凄惨な景色を描写することは出来ません。それをいつまでもながめていたら気狂《きちが》いになってしまうと私はたしかにそう思いました。夢幻的と云ったらいいのか、死の国とは斯《こ》う云う感じのするものではないのか――と云うような気が私にしたのでした。

斯うして私たちは恐怖に浸りながらいく日かを過したのでした。交通の絶えた後で、諸処の様子はちっとも分らず、いろいろな噂《うわさ》ばなしを聞くだけでしたが、四日の夜半《よなか》、東京日日〔東京日日新聞〕の仮名だらけの活字の一枚の新聞を引張り合いながら見て、初めて東京の惨事をも稍《やや》詳しく知ったのでした。東京にいる親戚、友人、それから私たちに係《かか》わりのあるすべての人たちへの私たちの憂慮があまねく充《み》たされていたいく日、私たちはその苦しさをもいま思うに堪えない気がします。東京の惨状の余りにひどく伝えられたときには、私たちは直ちに来たるべき生活の不安をさえ思わねばなりませんでした。そして現在物資の不便さはだんだんに私たちの周囲にも来ました。この地方は漁村のこととて都会のような復興の気分も少く、倒潰した家のとりかたづけさえまだ充分には捗《はかど》りません、乏しい町のもの寂しさのなかに、今私たちもまじっているのです。秋の風はもう肌《はだえ》に冷やかに、虫のこえさえかなしく身にしみて来ますのに。

（『女性』第四巻第五号、一九二三年一一月）

Ⅳ

虐殺を悲しむ文人たち

最後の大杉

内田魯庵

一

大杉とは親友という関係じゃ無い。が、最後の一と月を同じ番地〔淀橋《よどばし》町柏木三七一番地〕で暮したのは何かの因縁であろう。大杉が初めて来たのは赤旗事件の監房生活から出獄して間もなくだった。淀橋へ移転《ひっこ》してから家が近くなったので頻繁に来た。思想上の話もしたし、社会主義の話もしたが、肝胆相照らしたというわけでもないから多くは文壇や世間の噂《うわさ》ばなしだった。

大杉は興味が可成《かなり》広くて話題にも富んでいた。近年ファーブルのものを頻りに翻訳していたが、此《この》種の文学的乃至《ないし》学術的興味を早くから持っていて、主義者肌よりは寧《むし》ろ文人肌であった。小説も好きなら芝居も好き、性的研究などにも興味を持って、性的研究に率先した小倉清三郎の『相対』の会などにも毎次出席して、能《よ》く『相対』の会の噂をした。

百人町を移転《ひっこ》してから家が遠くなったので自然足が遠のいた。加之《のみ》ならず、神近《かみちか》〔市子〕や野枝《のえ》さん〔伊藤野枝〕との自由恋愛を大杉自身の口から早く聞かされたが、常から放縦な恋愛を顰蹙《ひんしゅく》する自分は大杉の可成に打明けた正直な告白に苦虫《にがむし》を潰さないまでも余り同感しなかったのを気拙《きまず》く思ったと見えて、家が遠くなると同時に足が遠のいて了《しま》った。日蔭《ひかげ》の茶屋の事件があった時、早速見舞の手紙を送ると直ぐ自筆の返事を遣《よこ》したが、事件が落着しても夫《それ》ぎり会わなかった。夫から程経って野枝さんと二人《ふたり》で銀座をブラブラしている処へ偶然邂逅《でっくわ》し、十五分ばかり立話しをした事があったが、夫以来最近の数年間は唯《ただ》新聞で噂を聞くだけであった。

大杉が仏蘭西《フランス》から追返され、神戸へ帰着して出迎えの家族と一緒に一等寝台車で東上した記事が写真入りで新聞を賑わしてから間もなくだった。或《あ》る朝突然大杉さんが入《い》らしったと家人〔敬子〕が取次いだ。大杉何という人だと訊《き》くと、大杉栄さんで皆さん御一緒ですと云った。近頃何年にも顔を見せた事が無い大杉が、シカモ家族を伴《つ》れて来るというは余り思《おもい》掛《が》けなかったが、左《と》も右《か》く二階へ通せと半信半疑で云うと、軈《やが》てトントン梯段《はしご》を上って来たのは白地の浴衣《ゆかた》の紛れもない大杉であった。数年前の大杉と少しも違わない大杉であった。その踵《あと》から児供《こども》を抱いて大きなお腹の野枝さんと新聞の写真でお馴染の魔子《まこ》ちゃんがついて来た。

野枝さんとは数年前に銀座で邂逅《であ》った時に大杉が紹介して呉《く》れた。が、十分か十五分の立話中《たちばなしちゅう》、大杉から遠く離れていたから此日が初対面同様であった。之《これ》が魔子で、之がルイゼで、此外にマダ二人、近日お腹《なか》を飛出すのもマダあると云って笑った。以前から見ると面差《おもざし》が穏かになって、取別けて児供に物を云う時は物柔《ものやさ》しく、恁《こ》うして親子夫婦並んだ処は少しも危険人物らしくも革命家らしくも無かった。

『イイお父さんになったネ、』と覚えず云うと、野枝さんと顔を見合わしてアハハハと笑った。

二

久し振で全家《うちじゅう》お揃いは珍らしいというと、昨日同番地へ移転《ひっこ》して来たと云った。ツイそこの酒屋の裏だと云うから段々訊くと、近頃まで何とかいう女医が住んでいた家だ。

『あの家《うち》は本《も》とはお医者さんで、移転したてに家の塀の角へ看板を出さしてくれとタウルを半ダース持って頼みに来た、』と云うと、『そんなら僕も看板を出さして貰おうかナ、』と云った。

『アナーキストの看板じゃタウルの半ダースぐらいじゃ引受けられない、』と云って笑った。

魔子は臆面の無い無邪気な子で、来ると早々私の子〔四女の恵美子〕と一緒に遊び出した。野枝さんの膝に抱かれたぎりのルイゼはマダあんよの出来ない可愛いい子で、何を云っても合点合点ばかりしていた。アッチもコッチもお菓子を慾張《よくば》って喰《た》べこぼすのを野枝さんが一々《いちいち》拾って世話する処は矢張世間並のお母さんであった。エンマ・ゴルドマンを私淑する危険な女アナーキストとは少しも見えなかった。『日本ばかりじゃ騒がし足りないと見えて、仏蘭西までも騒がして来たネ。雀百まで躍りやまずで、コンナに多勢《おおぜい》の子持《こもち》になっても矢張浮気は止《や》まんと見えるネ、』と云うと、『矢張時代病かも知れない、』と大杉は吃《ども》りながら云った。

『夫でも、』と野枝さんは微笑《ほほえ》みつつ、『尾行が申しましたよ。児供が出来てから大変温和《おとな》しくなったと。』

　大杉が児供を見る眼はイツモ柔和な微笑を帯びて、一見して誰にでも児煩悩《こぼんのう》であるのが点頭《うなず》かれた。野枝さんも児供が産《うま》れる度に、児供が長《おお》きくなる毎《ごと》に青鞜時代の鋭どい機鋒が段々と円《まる》くされたろうと思う。

　野枝さんは児供を伴れて先きへ帰ったが、大杉は久し振でユックリと腰を落付けた。正午になって迎えが来ても根を生やして、有合《ありあい》の午飯《ひるめし》を一緒に済まして三時ごろまでも話し込んだ。仏蘭西から帰りたてなので、巴黎《パリ》で捕縛されて監獄へ投《ほう》り込まれた咄《はなし》をボツボツ話した。尤《もっと》も纏《まと》まった話でなく、断《ちぎ》れ断れで思想上の立入った問題には触れなかった。路傍演説をして捕縛された咄はしたが、其演説の内容は訊きもしなかったし話しもしなかった。唯仏蘭西人は一般に案外日本人よりも無知で、何しに来たというから社会学を勉強に来たというと、其《そ》の社会学という言葉の意味の解るものが少かったという事や、仏蘭西の巡査が人格も知識も日本の巡査よりも低劣で、第一言語からして野卑で、教養ある仏語が全く通じないという事や、仏蘭西の監獄が不整頓で不潔で、囚人の食事が粗悪で分量が少く、どの点から見ても日本の監獄以下であるという事や、何くれとなく仏蘭西を貶《くさ》した話ばかりした。

『ただ仏蘭西の監獄で便利なのは差入《さしいれ》の自由です。日本同様監獄の前に差入物屋があって、銭さえ出せばどんなウマイものでも、酒でも煙草《たばこ》でも買う事が出来ます。僕は余り酒を喫《や》らんが、書物は格別持たず、面会に来るものは無いし、退屈で堪《たま》らんから白葡萄酒《しろぶどうしゅ》を買ってゴロゴロしながらチビチビ飲む。三日で一本明けたが、終日陶然としてイイ心持でした。銭さえあれば仏蘭西の監獄は左程苦しくない。当てがいの食物が足りなくても不味《まず》くても差入物屋から取りさえすれば相当な贅沢《ぜいたく》が出来ます。気楽に読書でもしていようてには仏蘭西の監獄は贅沢が出来て気が散らんから持って来いですよ。』

そんな話をして半日を何年振りで語り過ごした。

三

夫から四五日して銭湯で会った。魔子を伴れて洗粉《あらいこ》や石鹸や七ツ道具を揃えて流しを取った此の児煩悩のお父さんが、官憲から鬼神のように恐れられてる大危険人物だとは恐らく番台の娘も流しの三助《さんすけ》も気が付かなかったろう。が、表へ出て見ると湯屋の角の交番で飛白《かすり》の羽織の尾行が張番《はりばん》をしていた。

ツイ眼と鼻との間におりながら夫ぎり大杉は来もしなかったし、私もお産があったと聞いたが見舞にも喜びにも行かなかった。が、大杉は始終乳母車《うばぐるま》へ児供を乗せて近所を運動していたから、能《よ》く表で出会っては十分十五分の立話しをした。魔子は毎日遊びに来たから全家《うちじゅう》が馴染になり、姿を見せない日は殆《ほと》んど無かったから、大杉や野枝とは余り顔を合わせないでも一家の親しみは前よりは深かった。

九月一日の地震のあと、近所隣りと一つに凝《かた》まって門外で避難していると、大杉はルイゼを抱いて魔子を伴れてやって来た。

『どうだったい。エライ地震だネ。君の家は無事だったかネ?』と訊くと、

『壁が少し落ちたが、大した被害は無い。だが、吃驚《びっくり》した。家が潰れるかと思った。』

『下町はヒドかろうナ。安政ほどじゃなかろうが二十七年の〔明治二七年（一八九四）の明

治東京地震〕よりはタシカに大きい。之で先ず当分は目茶苦茶だ。』

『だが僕は、毎日々々セッ付かれて困ってたんだから、地震のお庇《かげ》で催促の手が少しは緩《ゆる》むだろうと地震に感謝している。』と軽く笑った。何でも大杉は改造社とアルスから近刊する著書の校正や書足しの原稿に忙殺されていたのだそうだ。

彼《かれ》是《こ》れ小一時間も自分達と一緒に避難していたろう。余震の絶間なく揺《ゆ》る最中で、新宿から火事が出たとか、帝劇が今燃えてるとかいう警報が頻りであったので、近所隣りの人々がソワソワして往《い》ったり来たりしていた。

そこへ安成二郎がコダックを下げて来て、イイ獲物もがなとソコラココラの避難の集まりを物色していた。

『ドウだい、』と私は安成に向って云った。『大杉に何《ど》処《こ》かソコラの木の下に立って貰ってアナーキストの避難は面白かろう。』

大杉は笑っていた。安成が此写真を撮《と》ったら好《い》い記念だったろうに、惜しい事をした。（後に聞くと、夫から大杉の自宅へ行って大杉夫妻を庭前で撮《うつ》したのだが、名人だから光線が入ったのだそうだ。）

其晩は恐怖に明けて翌《あく》る朝、近所の川本《かわもと》の原《はら》に大勢避難していると聞いて容《よう》子《す》を見に行った戻りに大杉の家を尋ねると、マダ寝ていたが私の声を聞くと起きて来た。

『能く家の中に寝たネ、』と云うと、

『大抵大丈夫だろうと度胸をきめて家の中で寝た。尤《もっと》も、』と塀の外を指して、『彼処《あそこ》へ避難所を拵《こしら》いて置いて、率《い》ざと云えば直ぐ逃げ出す用意はしていた。アナーキストでも地震の威力には協《かな》わない、』と笑った。

九月の上半は恐怖時代だった。流言蜚語《ひご》は間断なく飛んで物情恟々《きょうきょう》、何をするにも落付かれないで仕事が手に付かなかった。大杉も引籠って落付いて仕事をしていられないと見えて、日に何度となく乳母車を押しては近所を運動していたから、表へ出ると番毎《ばんこ》に邂逅《であ》った。遠州縞の湯上りの尻絡《しりから》げで、プロの生活には不似合いな金紋黒塗《きんもんくろぬり》の乳母車を押して行く容子《ようす》は抱えの車夫か門番が主人の赤ちゃんのお守をしているとしか見えなかった。地震の当座、私の家の裏木戸は大抵明け放しになっていたので、能く裏木戸からヒョッコリ児供を抱いてノッソリ入って来ては縁端《えんばな》へ腰を掛けて話し込んだ。

日は忘れたが或る晩、夜警の提灯《ちょうちん》を持って家の角に立ってると、買物帰りらしい野枝さんが通り掛って声を掛けた。左の手には大きな部厚の洋書を二冊抱え、右には新聞と小さな風呂敷包を下げていた。

『報知の夕刊を御覧なすって？』

『否《い》エ。』其頃はマダ新聞が配達されなかった。

『鎌倉は大変ですワ。八幡さまが潰れて大仏さまが何寸とか前へ揺《ゆ》り出しましたって。御覧なさいまし、』と手に持つ新聞を見せた。

提灯の照明《あかり》ではハッキリ解らなかったが、鳥渡《ちょっと》覗《のぞ》いて直ぐ返すと、『お宅へ持ってらしって御覧なさいまし、』と頻りに云ったが、野枝さんも今買って来たばかりでマダ読まないらしいので無理に押返した。

『夜警は大変ですワネ。家から椅子《いす》を持って参りましょうか。イクラもありますから。』

『イエ、家にも持ってくれば有るんですが、面倒だもんですから。』

『然《そ》うですか。でもお草臥《くたび》れでしょうネ。大杉も御近所同士で家の角へ夜警に毎晩出ておりますワ。町内のお附合いですもの、』と野枝さんは云った。

能く大杉は夜警に出ると思ったが、実際毎晩ステッキを持って、自宅の曲り角へ夜警に出ていたのを見た。

四

鮮人襲来の流言蜚語が八方に飛ぶと共に、鮮人の背後に社会主義者があるという声がイツとなく高くなって、鮮人狩が主義者狩となり、主義者の身辺が段々危うくなった。此騒ぎを余所《よそ》に大杉は相変らず従容《しょうよう》として児供の乳母車を推して運動していた。

『用心しなけりゃイカンぜ、』と或時邂逅《であ》った時に云うと、

『用心したって仕方が無い。捕《つか》まる時は捕まる、』と笑っていた。後に聞くと、大杉に注

意したものは何人もあったが、事実此頃の大杉は社会運動からは全く離れて子守ばかりしていたから、危険が身に迫ってるとは夢にも思ってないらしかった。

或る夕方、夜警に出ていると、警官が四五人足早に通り過ぎながら、今二人伴れて来るから殴《ぶ》っちゃ不可《いか》んぞと呼ばわった。其頃の自警団は気が立っていて、警吏が検挙して来たものにさえ暴行を加えて憚《はばか》らなかったからだ。

誰か挙げられるナ、主義者だろうと、誰云うとなく予覚して胸を躍らしていると、軈て七八人の警吏が各々《めいめい》弓張を照らしつつ中脊《なかぜ》の浴衣掛けの尻端折《しりはしょり》の男と、浴衣に引掛け帯の女の前後左右を囲んで行く跡から四五十人の自警団が各々提灯《ちょうちん》を持ってゾロゾロ従《つ》いて行った。

提灯の薄明りで夜目にはシカと解らなかったが、脊恰好《せかっこう》が何となく似ていたので、『大杉じゃ無いか知らん、』と、ハッと思って急に不安になったので、大杉の家へ曲る角の夜警の集まりへ行った。そこにはいつでも警吏がいた。

『今のは鮮人ですか?』と訊くと、『鮮人じゃない、』と誰かが答えた。

『ドコで挙げられたんですか、』と重ねて訊くと、『直ぐソコの自宅で挙げられたんだ、』と同じ人が答えた。

『大杉じゃ無いですか、』と思切って明らさまに訊くと、

『イヤ、大杉じゃ無い。大杉は家にいる、』と警察官らしいのが答えた。

夫でヤッと安心したが、マダ何となく不安で、家へ帰って床に就いてからも警吏と自警団に護送されて行く男女の後姿が眼にチラクラした。（後に聞くと、此男女は直ぐ近所の近頃検挙された或る社会主義者の家の留守番をしている某雑誌記者で、女は偶然居合わした主義にも何にも関係の無いものだそうだ。此の男は沖縄人で相貌が内地人らしくないので疾《と》うから覘《ねら》われていたのだそうだと、当人が後に来ての話である。）

其頃から大杉に対する界隈の物騒な噂が度々《たびたび》耳に入った。大杉は外国の無政府党から資金を持って来て革命を起そうとしているとか、大杉は毎晩子分を十五六人も集めて隠謀を密議しているとか、『あんな危険人物が町内にいては安心が出来ないからヤッつけてやれ、』とか、或る近所の自警団では大杉を目茶苦茶に殴《なぐ》ってやれという密々の相談があるとか、嘘《うそ》か実《まこと》か知らぬが然《そ》ういう不穏の沙汰を度々耳にした。随分相当分別のある人までが然《そ》ういう虚聞を信じて、私と大杉とが交際あるのを知らないで、『アナタのお宅の裏には大変な危険人物がいて、毎晩多勢《おおぜい》集って隠謀を企《たく》らんでるそうです、』と告げたものもあった。同じ近所の或る口利きの男は、之も大杉と私と友人関係であるのを知らないで、『柏木には危険人物がある、大杉一味の主義者を往来へ列《なら》べて置いて、片端《かたっぱし》からピストルでストンストン打ったら小気味が宜《よ》かろう、』とパルチザン然たる気焰を吐《は》いてイイ気持になってるものもあった。

恁ういう危険な空気が一部に醸《かも》されてるのを知ってるのか知らないのか、大杉は一向平気で相変らず毎日乳母車を押していた。近所に住む大杉の或る友達が夫となく警戒したが、迫害に馴《な》れてる大杉は平気な顔をして笑っていたそうだ。唯笑ってるばかりならイイが、『俺を捕まえようてには一師団の兵が要《い》る、』ナドト大言していた。大杉には恁ういう児供げた見得を切って空言を吐く癖があったので、此の見得を切るのが大杉を花やかな役者にもしたが、同時に奇禍を買う原因の一つともなった。

五

九月の十六日の朝九時頃、大杉は野枝さんと二人連れで、二人とも洋装で出掛けるのを家人は裏庭の垣根越しにチラと見た。直ぐ近くの聖書学院の西洋人だろうと思ってると、丁度《ちょうど》遊びに来ていた魔子も後影を見ると周章《あわ》てて垣根の外へ飛び出したが、すぐ戻って来て、『家のパパとママよ、』と云った。

其日の午後魔子は来て『パパとママは鶴見の叔父さん〔弟の大杉勇〕許《とこ》へ行ったの。今夜はお泊りかも知れないのよ、』と云った。

夫ぎり大杉は姿を見せなかった。が、自分も其頃余り表へ出なかったから大杉を見掛けないでも格別気にも留めなかった。

二三日経つと大杉が検挙されたという風説が立った。其前にも地方から来た或る男が、大杉は拘留されて留置檻へ入れられたまま火事で焼死んだそうだネと云うから、大杉は直ぐ此の近所にいて、毎日乳母車を押して運動していると云って無根の風説を笑った事があるので、復《ま》た例の風説かと一笑に附していた。

　すると其の翌る晩、十一時過ぎに安成が来て、『大杉が行方不明となりました、』と痛《ひど》く昂奮《こうふん》して、『十六日鶴見へ行ったぎりで帰って来ません。家でも心配して八方捜しているがサッパリ蹤跡《ゆくえ》が解りません。検挙されたなら検挙されたでドコかの警察にいそうなもんですが、ドコの警察にもいません。警察では検挙したものを検挙しないと秘《かく》す事は絶対に無いので、全く警察にはいないようです、』と満面不安の色を湛《たた》えて昂奮して話した。

　血腥《ちなまぐさ》い噂がそこら中に広がってる時である。女のような美術家が袋叩きにされて半死半生になったという噂も聞いている。温厚玉のような君子が歴《れっき》とした官職の肩書附きの名刺を示しても聞かれないで警察へ拘留されたという話も聞いている。況《ま》してや大杉のような官憲からも睨《にら》まれ民衆の一部からも呪《のろ》われてる人間は何時《いつ》どんな処で奇禍を買わないとも限らんから、行方不明になったと聞くと不安に堪えられなかった。

　安成は、其日恰《あたか》も戒厳軍司令官を初め二三の陸軍の重職が交迭《こうてつ》し、一大尉一特務曹長が軍法会議に廻《まわ》されたという明日発表される軍憲の移動を話して、恁ういう重職の交迭は決して尋常事《ただごと》では無い。余程の重大な原因が無ければならない。当局者の言明に由《よ》れば数日前に突発した事件に関聯《かんれん》するというが、その突発事故というのは何だか、マダ発表を許されないと堅く緘黙《かんもく》している。が、ウッカリ当局者が滑らした口吻《こうふん》に由ると不法殺人であって、殺されたものは支那人や朝鮮人で無いのは明言するというのだ。

『どうも夫が大杉らしいのです、』と安成は痛く昂奮していた。

ヨモヤとは思うが、大杉は野枝と一緒に鶴見の弟の家から季《すえ》の妹〔橘あやめ〕の子〔橘宗一《むねかず》〕を伴れて、弟に送られて川崎まで帰って来たのはタシカで、夫から先きが行方不明なのだそうだ。マサカに足弱《あしよわ》を連れて交通の不便な此際に野越え山越え行方を晦《くら》ましたとは思われない。ドコかに拘留されてるに違いないが、ドコの警察にもいないとすれば陸軍より外には無い。が、陸軍では知らないという。が、支那人でも朝鮮人でも無いものを殺した不法殺人で戒厳軍司令官初め二三の重職が解職され、一二の軍憲が司法へ廻されたという此日の突発事件はヨモヤとは思うがドウも大杉と関聯しているらしいというのが安成の憶測であった。

が、其の翌る日も、其の又翌る日も魔子は相変らず遊びに来た。児供の事で周囲の不安には一向感じないらしく、毎日来ては家の児供と一緒に歌を歌ったりダンスをしたりして無邪気に遊んでいた。大杉の家もヤヤ人出入が繁く取込んでるらしく想像されたが、安成も夫ぎり見えないので、不安を感じながら身辺の雑事に紛れていると、或時魔子がイッモの通り遊びに来ていると家から迎えが来て帰った。暫《しば》らくすると復《ま》た来て、新聞社の人が来て写真を撮ったのよと云った。新聞社が児供の写真を撮りに来たというは尋常では無いので、恐ろしい悲痛な現実に面する時が刻々迫って来たような感じがした。

其翌日である、大杉の非業の最期が公表されたのは。恐ろしい予感が刻々迫って来て、恁ういう悲惨を聞く日があるのを予期しない事は無かったが、其日の朝刊の第一面の大活字を見た時は何とも云い知れない悸《おのの》きが身体中《からだじゅう》を走るような心地がした。殊に軍憲から発表された大杉外二名の一人がマダ可憐な小児であると思うと、三族を誅する時代の軍記物語か小説かでなければ見られない余りの残虐に胸が潰れた。

朝の食卓は大杉夫婦を知る家族の沈痛な沈黙の中に終った。今日も魔子は遊びに来るかも知れないが、『魔子ちゃんが来ても魔子ちゃんのパパさんの咄をしてはイケナイよ、』と小さい児供を戒めた。何にも解らない小さい児供達も何事か恐ろしい事があったのだという顔をして、黙って黙頭《うなず》いていた。

暫らくすると魔子は果して平生《いつも》の通り裏口から入って来た。家人を見ると直ぐ『パパもママも死んじゃったの。伯父さんとお祖父さんがパパとママのお迎えに行ったから今日は自動車で帰って来るの、』と云った。お祖父さんというのは東京より地方へ先きに広がった大杉の変事を遠い郷里の九州で聞いて倉皇《そうこう》上京した野枝さんの伯父さん〔叔父の代準《だいじゅん》介《すけ》〕である。

茶の間へ来て魔子は私の妻を見て復た繰返した。『伯母さん、パパもママも殺されちゃったの。今日新聞に出ていましょう。』

私は児供達に『魔子ちゃんのお父さんの咄をしてはイケナイよ、』と固く封じて不便《ふびん》な魔子の小さな心を少しでも傷《いた》めまいとしたが、怜悧《れいり》な魔子は何も彼《か》も承知していた。が、物の弁《わきま》えも十分で無い七歳の子である。父や母の悲惨な運命を知りつつもイツモの通り無邪気に遊んでいた。同い年の私の児供は魔子を不便がったと見えて、大切にしていた姉様や千代紙を残らず魔子に与《や》って了った。

六

其日は大杉の遺骸が帰るというので、留守番だけの大杉の家へ二度も三度も容子を聴きに行った。此晩は大杉に親しいものだけが遺骸の前で通夜するという予定だったので、午後からは待受けしてポツポツ集まるものがあった。自動車の音の響く度毎《たんび》に耳を傾けたが、イツまで待っても帰って来なかった。其中《うち》に遺骸は直ちに自宅へ引取る筈《はず》だったが、余り腐爛しているので余儀なく直ちに火葬場へ送棺したと知らせて来た。

其の夕方、遺骸を引取って火葬場まで送った近親同志が帰って来た。待受けた我々は官憲の口から語られたという大杉の殺害された顛末《てんまつ》や、引渡された遺骸が腐爛して臭気が鼻を衝《つ》いて近寄る事さえ出来なかったという咄を聞いた。大杉の思想の共鳴者で無くとも其の悲惨な運命には同情せずにはいられなかった。

其の翌々日の朝、大杉外二名の遺骨は小さな箱へ入れられて自宅に迎えられた。大杉は無宗教であったが、遺骨の箱の前に三人の写真を建て、祭壇を設けて好きな葡萄酒《ぶどうしゅ》と果物を供えた。其晩は近親と同志とホンの少数の友人だけが祭壇の前に団居《まとい》して、生前を追懐しつつ香を手向けて形ばかりの告別式を営んだ。門前及び附近の要所々々は物々しく警官が見張って出入するものに一々眼《め》を光らした。折悪《あ》しく震災後の交通がマダ常態に復さないので、電車の通ずる宵の中《うち》に散会したが、罪の道伴れとなった不運の宗一の可憐な写真や薄命の遺子の無邪気に遊び戯れるのを見ては誰しも涙ぐまずにはいられなかった。大杉の一生を花やかにした野枝さんとの恋愛の犠牲となった先妻の堀保子《ほりやすこ》も、イヤで別れたので無い大杉に最後の訣別《わかれ》を告げに来て慎《つつ》ましやかに控えていたが、恋と生活とに痩《やつ》れた姿は淋しかった。（大杉と別れた後の堀保子は大杉は必ず再び自分の懐ろに戻ってくるものと固く確信して孤独の清い生涯を守っていたが、大杉が敢果《はか》なくなった後は其希望も絶えて、同棲時代からの宿痾《しゅくあ》が俄《にわか》に重って、去年〔一九二四〕の春終《つい》に大杉の跡を追って易簀《えきさく》した。大杉の生涯は革命家の生血《なまち》の滴《したた》る戦闘であったが、同時に二人の女に纏《もつ》れ合う恋の三つ巴《みどもえ》の一代記でもあった。）

告別式の済んだ跡の大杉の家は淋しかった。遺子を中心として野枝さんの伯父さん老夫妻〔代準介とキチ。ただし、キチではなく、キチの姉・モトと思われる〕と大杉の実弟〔大杉勇と大杉進〕と、大杉の異体同心たる数四の同志に守られていた。刑事の眼は門前に光って看慣れぬものは一々誰何《すいか》したから、誰もイイ気持がしないで尋ねるものが余り無かった。

愈々《いよいよ》明日は一《ひ》と先《ま》ず郷里へ引上げるという其前夜、長い汽車の旅の児供の眠気ざましにもと些《いささ》かの餞《はなむ》けを持って私の妻が玄関まで尋ねた時も誰何され、何の用事かと訊問《じんもん》された。

十月二日だった。五人の遺子〔実際には、魔子、エマ、ルイズ、ネストルの四人〕は野枝の伯父さん老夫婦に伴われて此の恨《うらみ》の多い父の家を跡に郷里へと旅立った。親しい友や同志に送られて行ったが、魔子は先きへ立って元気よく『さよなら、さよなら！』と云って駆けて行った。パパもママも煙のように消えて了った悲みをも知らぬ顔の無邪気の後ろ姿が涙ぐましかった。

（大正十二年九月記○大正十三年十月補筆○改造社出版『大正大震火災誌』中所掲「甘粕対大杉事件」参照）

（「此頃の大杉の思出」『読売新聞』一九二三年一〇月二～六日、八日。『思い出す人々』春秋社、一九二五年。『明治文学全集98』〔筑摩書房、一九八〇年〕による）

私の見た野枝さんという人

平塚らいてう

感情の自由、思想の独立、個性の尊重というようなことは明治の終りから大正の始め我が婦人運動の初期に於《おい》て私共がしきりに要求したことですが、丁度その頃私の前に突然現われて来た野枝《のえ》さんは日本婦人には珍らしいほどに感情の自由性を生れ乍《なが》らもっている人でした。私が最初野枝さんに引きつけられ、あの人の快活なキビキビとした性格に興味と愛をもったのもこのためでした。全くあの人は自分自身を偽ることの出来ない自由な感情に生き、そのために肉親を捨て、友と離れ、世間にそむき、三度《みた》び夫をかえ、二人の子供を捨て、苦しみもし、悲しみもし、怒りもし、戦いもし、酔いもしました。

「感情の自由」この一語こそ野枝さんの生活を、生涯を示すもので、あの人の幸福も不幸も皆此処《ここ》から出ています。

ですから感情の自由性を、同時に情熱の価値というものを認めることの出来ない人にとってはあの人の生涯は恐らく無であるばかりでなく非難をもって満されているのかも知れません。

野枝さんほど好き嫌いの烈《はげ》しいそしてそれをはっきりと示した人はありませんでした。このために随分苦しまなければならない事もあったようですけれど、抑えようとは決してしませんでした。我慢をするというようなことはあの人にははじめから出来もしないことだったのでしょう。又《また》あんな負け嫌いもないものでした。非常に自我の強かったあの人はちょっと他から誤解されたり、攻撃されたりしてもすぐ腹を立て、涙を浮べてくやしがりました。そして何かして報いるまでは虫がおさまらないという風でした。併《しか》しこれは瞬間の感情からなので、神経質のために無頓着でいられないというのとは全然違いましたから言う丈《だけ》のことを言ってしまった後は案外あっさりして居ました。又あの人ほど自分の言い出したことを引込めない人も少なかったでしょう。こうと思ったが最後、人が何と説いても思い返しのつく人ではありませんでした。不幸にして、剛情を通してやったことが、他の人達が言った通りの結果に終るようなことが忽《たちま》ち後から現われて来ても、あの人は決して後悔もしなければ不面目そうな顔付もしませんでした。もうまるでそんなことは忘れてしまったような、自分の関係したことではないといったような平気さでした。それが非常に図々《ずうずう》しくも見え、又子供のような無邪気さとも見えました。

ほんとうに野枝さんという人は正直で、純粋で、自然で、無邪気で、小娘のように可愛く、それでいて剛慢で、我儘《わがまま》で、意地張りで、利己的で、無責任で、図々しく憎々しいというように不思議に全く相反した印象を人の心に残して行く人でした。

あの人があの人を愛した男達の心に忘れられないものを与えて行ったのは矢張《やは》りこのさまざまに発現するあの人のもって生れた熾《はげ》しいそして自然な感情の力ではなかったでしょうか。

ほんとうに、可愛らしい人であり、憎らしい人であった野枝さんは人の心に愛ということと、憎しみということとを残して行ってしまいました。

併しこれほどまでに感情の自由性をもっていた野枝さんも自分自身の思想らしい思想は遂にもちませんでした。思想の独立というようなことはあの人には求められないことだったかも知れません。元来健康で、多血質で、衝動に生きることの多かったあの人は、静に思索するとか、研究するとか、又絶えず反省し反省して歩くとかいうようなことは出来ない人でしたから。只《ただ》あの人は自分の好きなこと、好きなもの、好きな人に対して丈非常に敏感な聡明な理解力をもって居ました。ですからあの人はその時々の愛人の思想を理解し、共鳴し、それに同化することによって自分を育てて行った人で、愛人の思想があの人の思想であるといったらそれで尽きているでしょう。実際愛するということと、理解するということとはあの人に於ては一つであって、愛のもてないものに対しては随分無智で、無理解で、誤解も多かったようでした。

理智は感情の奴隷であるということはあの人にとっては一層意味深い気がします。私はあの人の力強い感情を信じあの人がもつ最も貴い徳《とく》としてこれを尊敬して来ましたが、あの人の理智に対しては最初から信用を置いて居ませんでした。あの人の好悪によっていつもあまりに支配され過ぎて居ましたから。

ほんとうに野枝さんという人は最も女性らしいいいところとわるいところをさらけ出して生きた日本に於ては珍らしいほどの自然女でした。こんな社会に置かれたのでなかったら、もっともっと延び延びと生れたままで育ったでしょうに。

（二二、一〇、二六）

（『婦人公論』第八年第一二号、一九二三年一一月・一二月合併号）

憶い出すまま（栄兄さん夫婦と宗坊のこと）

橘　あやめ

栄《さかえ》の兄さんと野枝《のえ》の姉《ねえ》さんと、それに私の子供の宗一《むねかず》とが憲兵隊で惨殺《ざんさつ》されましたことに就いて、是非私にも何か書けとの御話しがありました。多くの学問のある方々が御読みになる『女性改造』などと云う立派な雑誌に、私のような者が何を書けよう道理もありませんが、ただ『憶《おも》い出《で》』を書き並べればいいとの御話しなので、それならばと、つい御引き受けをして了《しま》ったのです。

しかし、宗一のことを書くことだけは御断り申しました。只今の私に、何《ど》うしてそんな勇気などがありましょう――。

最初の程は、親切に御見舞い下さいます人々から『宗一さんが……』の一言を云われましただけで、直ぐ悲しさに身中が慄《ふる》えて了いました。泣き崩れて了いました。私のこの様子を見て傍の人達ちも『それでは貴女《あなた》の体が持つまいから――』と種々になぐさめて下さいますし、それに私自身でも『こんなに泣いてばかり居ては折角アメリカから養生に帰って来て入院していた程の私の体が一そう悪くなろう。――そうなっては猶《なお》さら夫に申訳けが立たない』と思い、気を取り直しまして、其《そ》の後《の》ちは成可《なるべ》く誰れにも御会いせぬよう、ただ静かに寝ているよう、そして、なるだけ宗一の事は考えぬよう、憶わぬようと心懸けて来ました。そうして、只今《ただいま》では少しく心も静まって参りました。

ですけれども、宗一のことを憶い出すまま、それを文字で記して行こうといたしましたなら、悲しい私は、二三行書きかけているうちに必《き》っと泣き崩れて了うことでしょう――。

『憶い出なら……』などと、つい御受合《うけあい》をして了いましたが、さて、それを書こうといたしますと、別にこれと云う御話しがないのを恥しく思います。

栄兄さんは学問の出来る偉い人なのだと、ただぼんやり知って居ましたばかりで、兄さんの書かれた本などは全《ま》るで読んだこともありません。兄さんの主張なさる思想や、行動などが、どんなに悪いことなのか、いいことなのか、私には少しも分りません。けれども、四五年前に一度久し振りでアメリカから帰って参りました時、いくら牢《ろう》に入れられても少しもひるまず、ひどい貧乏な生活をしながら自分の主張のために活動せられている兄さんを見ましては、『ああ偉い人だ――』と感せずにはいられませんでした。

私が生れますと間もなく、母〔大杉豊《とよ》〕はあの世の人となって了いました。そして私は、継母《けいぼ》の手にかかったり親戚に預けられたりしながらようやく九ツに成りました時、こんどは父〔大杉東《あずま》〕に死なれて了ったのです。私は一番末の妹でして、兄さんも姉さんも沢山ありましたが、いっとう上に『栄』という兄さんのあることは、この父の死にました時に始めて聞かされましたのです。それまでは、そんな兄さんのある事など誰れも教えてくれないものですから、夢にも知りませんでした。

　しかし、その父の死にました時にも栄兄さんは帰って来ませんで、いままで知らなかった姉さんが見えました。それが栄兄さんの先のつれあいの保子《やすこ》さん〔堀保子〕でした。後とで知りましたが、あの時は丁度、『赤旗事件』とかで栄兄さんは千葉の監獄で苦役して居られた最中だったそうでそれで、保子さんだけが来られたのでした。

　たしか其の翌《あく》る年だったと思います。保子さんが迎えに来られまして、私は、すぐ東京へと引きとられて参りました。ところがまた私は、何かの都合からでしたろう、間もなく甲府の親戚へ預けられました。

　或る日のこと、私が近所の子供たちとおもての柳の木の下で遊んで居りますと、がらがらっという響きと共に私の家の前へ俥《くるま》が着きました。『あらっ俥が来た――』と、子供心にただ何んとなく嬉しい様な気がして傍へ馳《か》け寄って見ますと、それは洋服姿の、大きな眼がぎろっと光っているおっかない人でした。そして、其のおっかない人が私の顔ばかりをじろじろと見ますので、私はそっとお友達の後ろへ隠れて了いました。これが千葉監獄から出たばかりの栄兄さんだったので、私は此《こ》の時初めて栄兄さんの顔を知ったのです。

私は栄兄さんに連れられてまた東京（家は大久保にあった）へ参りました。

郷里の家《うち》の方も栄兄さんによってすっかり片附けられました。継母は離縁になり、私のすぐ上の進兄さんも勇兄さんも大久保へ引取られて参りました。そして、やや大きい勇兄さんは職工学校へ入れて貰いました。私は斯《こ》うして十六の歳まで兄さんの手元で育てられたのですが、いま思いますと、二年余りの牢獄生活から出て来られたばかりの兄さんが、弟や妹を引き取っての世話は、なみ大ていの事でなかったろうと思います。

しかし其の時分、未《ま》だ世間のことなど少しも知らない私は毎日近くの戸山《とやま》ヶ原《はら》などへ出掛けては遊んでいましたが、何う云うものか栄兄さんには親しめませんでした。おっかない人のように思えて、肉親の兄さんだという親しみを以《も》って話しかける事が出来ませんでした。何にしろ九ツの時に始めて栄兄さんのあることを聞かされた位で、小さい時に甘えたりふざけたりしながら共に育った兄さんではないのと、最初に非常に恐《お》っかない人のように聞かされて居ましたのとで、妙に親しめない処があったのだろうと思います。それに、私達ちのことはすべて保子さんに任せきりで同志の方々と運動のほうに忙しかったようですから——。

しかし私が斯《こ》う申し上げたからと云って、栄兄さんは弟や妹に対して、世話をよくしてくれはしたが冷たい人だったと云う風にとられては困ります。栄兄さんは、暖い、熱情的な人でしたが、ただ肉親の情に溺《おぼ》れたり、親身のものを特別に愛したりすることの出来ない人だったのだと思います。それが栄兄さんの偉い所だったのではあるまいかと思っています。いつか御飯の時に、私の事で憤然として保子さんをどなり附けている兄さんを見た事がありました。其の時には、『ああやっぱり親身なのだ！』と、つくづく思ったことを今でも覚えて居ります。

私は十六の歳にアメリカの今の夫（橘《たちばな》惣三郎《そうざぶろう》）の許《もと》へ嫁ぎました。そして、十八の時に宗一を産み落して、十九の暮に病気になって日本へ帰って参ります時まで、栄兄さんとは一度の文通すらいたしませんでした。しかし、一度の文通もしなかった私の心持ちはよく了解していてくれた様に思います。

私が大正七年に日本へ帰りました時には、兄さんの住居は田端《たばた》の小さな家でした。野枝さんには此時初めて会ったので、二人の間には二つになる魔子《まこ》ちゃんが出来ていました。私の宗一も丁度二つなので、すぐ子供の話しから野枝さんとは親しくなりまして、気の置けない、親切そうないい姉さんだと思うようになりました。私はこの家《うち》に着きまして、その時やはり遊びに来ていた進兄さんが、如何《いか》にも大平楽な顔附きで座敷の真ン中に寝転んだりなんかしているのを見て先ず驚きました。というのはこの進兄さんなんかも、保子さんの時分にはおっかなそうな顔をして隅っこの方に縮こまって居たのですから――。それに魔子ちゃんと宗坊《むねぼう》とを犬や小羊の背に乗せてアッハアッハと嬉しそうに笑っている栄兄さんを時々見ては、私はただもう嬉しさで一杯でした。貧乏で困ってはいられましたが、しかし私は楽しく感じてしばらく一緒に暮らして居りました。

その翌る年の春田端の家が焼けましたので西ヶ原に移り、中山へ行き、最後に駒込の曙町《あけぼのちょう》へ家を借りて兄さんや同志の人達ちが新らしく雑誌を始められました其の頃、私はまた日本を去ってアメリカへ帰って行きました。そして、その後ちは折々文通もするようになりました。野枝さんからは、女らしい注意の行き届いたお手紙をも貰うようになりました。

私は田端に居りました時に、栄兄さん達ちがお正月のお餅も買えなかった状態をつくづく見て来て居ますので、せめてお餅代なりともお送りしたいと思って少しずつ貯め始めました。いつの年だったかよく覚えませんがそのお金を送って、その後しばらくたってからふと新聞を見ますと、『大杉栄は近頃非常な成金になって逗子《ずし》へ大きな家を構えた』という記事が載っております。それでは、あのお送りしたお金は正月のお餅代にならずに何にかの御馳走になったことだろうと、私はその新聞を眺めながら独りでほほえんだことでした。

同年の四月、私はまた病気のためにアメリカから宗一を連れて帰って参りました。が、こんどは栄兄さんはフランスへ行って居られるお留守で、野枝さん一人で何やかやと親切に世話をして下さいました。病院のことや何にやかやと、真当《ほんとう》に親身の姉も及ばぬごめんどうを見て下さいました。女は女同志——と深く感じました。それらの親切が、胸の底からこみ上げて来る程嬉しく感じました。

ああ、しかしその野枝さんも今は殺されて了いました。栄兄さんも殺されて了いました。可愛い宗坊までが惨《むごたら》しく殺されて了いました。

——十月十六日夜——

（『女性改造』第二巻第一一号、一九二三年一一月）

朝鮮人のために弁ず

中西伊之助

一

今回の大震災については、一つとして人間の戦慄《せんりつ》に値しなかったものはありませんでした。そしてまた、そこから多くのものを学ばされました。赤裸々な人間の断面が、血みどろになって、私達の眼前に展開されたのでした。私達はその一つ一つを語るさえ、限りない悲傷に感じさせられます。東京市に住んでいた一人としても、現在まで生きていることが、一個の奇蹟《きせき》のようにも考えられます。

しかし、私は今ここにその痛ましい回顧をしようと云うのではありません。ここには私がどうしても現在の日本人、わけても日本の女性の方々に、深く将来に考えていただきたい一つの重要なものを挙げて、私の切な心持を表現したいのに過ぎないのであります。

今回の震災に伴って、最も著しく人心をおびやかしたものがあります。とりわけ、婦人子供に根強く恐怖や不安の念を懐《いだ》かせたものがあります。いかにも事実らしく、もっともらしく、所謂《いわゆる》流言蜚語《ひご》が行われて、全都騒然として色を失ったとでも云うべき、一つの事件があります。そしてそれが、今も尚《なお》私達に不快な幻影をのこしているようにも感じられています。――それは即《すなわ》ち朝鮮人の不逞《ふてい》行動と云う流言蜚語でありました。それに対する日本人の強い憎悪と排撃《はいげき》でありました。こうした混乱時代に、正確な報道機関のない場合、かかる事柄も、或《あるい》は無理でないかも知れませんが、少しく朝鮮を研究し、朝鮮人を知識しているものならば、あまりにその真相の空虚なるに驚かずにはいられないのであります。

こう云ったからと申して、私は朝鮮民族を聖人の集団であるなどとは決して考えてはいません。彼等の中にも、所謂不逞の徒も少くはないことでありましょう。或はまた今回の混乱に乗じて、不正な行為を敢《あえ》てした悪漢もないとは限りません。しかし、これはひとり朝鮮人のみに限らないだろうと思います。日本人の中《うち》にも彼等に劣らぬ不義不倫の行動をして罹災民《りさいみん》をいやが上に泣かしめています。殊に、公の職にいて罹災民の救恤品《きゅうじゅっぴん》を横領するが如《ごと》き、文字通りの不逞日本人も現われています。此《この》点、朝鮮人ばかりに罪悪があるとは、何人《なんぴと》が断言することができましょう。朝鮮人と雖《いえど》も人間であります。

唯《ただ》、私は、朝鮮人に不正不義あれば、たとい市朝に腰斬《こしぎり》するも亦《また》可なりではあるが、朝鮮人なるが故に不正不義を行うものであると云う観念を懐くことを、決して正しいものではないと申すのであります。

この理論は、理論としては何人《なんぴと》も否定はしません。しかし事実の前に直面することになると、この正しい理論は全く掩《おお》われてしまって、単純の感情のみが跳梁《ちょうりょう》するのであります。今回のことは、明かにこの事実を裏書きしていると私は考えるのです。

二

私は、所謂不逞鮮人と世間から貶称《へんしょう》されている朝鮮青年をかなり多く知っています。そしてその人達の訪問を受けることもあります。私の近所に某省に勤めている官吏が住んでいます。その官吏の細君もよく私の宅へ話に来ますが、いつも可愛《かあい》い子供を伴って来るのが例になっています。或る朝鮮青年はその子供が大好きでありました。それでついその細君とも近づきになりましたが、最初の中《うち》は、その青年が朝鮮人だときいて、細君は細い眉《まゆ》をひそめていましたけれど、よくつき合うに至って、細君は柔和な、親切なその青年を心から信ずるようになって来ました。そして細君は私達に、今迄《まで》自分が新聞などで読んで、一種の嫌悪を感じていた朝鮮人が、実際はあんなに立派な人柄の人もいたのかと云って、驚きの眼を瞠《みは》ったのでありました。今回の事変の際にも、細君は朝鮮人の同情者でした。そしてその知り合いの青年の身の上を非常に心配していました。細君は、今迄、彼女の心に描いていた黒い恐怖の幻影を霧散させて、朝鮮民族の一員としての、正しく明るい朝鮮人を知解してしまったのです。細君は、それではどう云うわけで、そんなに黒い幻影にとりつかれていたのでしょう？　これは、その細君ばかりではなくて、日本人の朝鮮問題を解く唯一の鍵になります。私達はそれを考えてみましょう。

朝鮮及《および》朝鮮人の、我《わが》国に対する歴史的地理的交渉は、一朝一夕のことではありません。そしてその交渉は、異民族として世界上に最も密接の間柄であることは、今更縷説《るせつ》するの要を見ないくらいであります。殊に古代東洋文化史上から見るならば、朝鮮はむしろ日本の先進国であると云っても、決して過言ではないのであります。彼《か》の四千年の歴史は、雄弁に之《こ》れを証明しているのです。

近代に至りまして、漸《ようや》くこうした古代歴史の因襲的概念を崩壊させて、日本人の頭脳に最も明かに印象させられた朝鮮及朝鮮人の相は、明治初年の征韓論でありました。次に、明治二十七八年、及び明治三十七八年の戦役でありました。この歴史的事実に綜織《そうしょく》せられた、日本人より見たる朝鮮は、日本人の頭脳から、全く古来の光輝ある朝鮮の歴史を抹《まっ》殺《さつ》してしまったのであります。そして、朝鮮民族を飽《あ》くまで弱小なしかも無智蒙昧《むちもうまい》の劣等民族と見做《みな》すようになったのであります。日本人が朝鮮人に対する知識、感情の錯誤は、この近代的歴史の事実が生み出した不幸であると云っても、決して誤らないのであります。そしてこの不幸が、今尚深く日本人の潜在意識となっているのであります。

朝鮮が日本に併合されたのは明治四十三年であります。そしてこの時より、叙上《じょじょう》の不幸はますます日本人の上に大きい禍《わざわい》となって現われて来ました。所謂不逞鮮人の貶称《へんしょう》の如きも、一つにこの事柄の以後に喧伝《けんでん》されたものであります。そして日本人と朝鮮人の感情の溝は、刻々に深くなって行くのをどうすることもできなかったのです。

三

試みに、朝鮮及日本に於《お》て発行せられている日刊新聞の、朝鮮人に関する記事をごらんなさい。そこにはどんなことが報道せられていますか、私は寡聞《かぶん》にして、未《いま》だ朝鮮国土の秀麗、芸術の善美、民情の優雅を紹介報道した記事を見たことは、殆《ほと》んどないと云っていいのであります。そして爆弾、短銃、襲撃、殺傷、——あらゆる戦慄すべき文字を羅列して、所謂不逞鮮人——近頃は不平鮮人と云う名称にとりかえられた新聞もあります——の不逞行動を報道しています。それも、新聞記者の事あれかしの誇張的な筆法をもって。

若《も》し、未だ古来の朝鮮について、または現在の朝鮮及び朝鮮人の智識と理解のない人々や、殊に感情の繊細な婦人などがこの日常の記事を読んだならば、朝鮮とは山賊の住む国であって、朝鮮人とは、猛虎のたぐいの如く考えられるだろうと思われます。朝鮮人は、何等《なんら》の考慮のないジアナリズムの犠牲となって、日本人の日常の意識の中に、黒き恐怖の幻影となって刻みつけられているのであります。前に、私が例を挙げた官吏の細君の如きは、その実証であります。私は敢《あえ》て問う、今回の鮮人暴動の流言蜚語は、この日本人の潜在意識の自然の爆発ではなかったか？　この黒き幻影に対する理由なき恐怖ではなかったか？

四

朝鮮及朝鮮人に対する日本人の近代的知識は、私から見れば、絶無と云ってもいいのでありまして、それに対する知識の普及が全く欠如していると云っても決して差支《さしつかえ》はありません。

日本の政治家、学者、教育家は、鮮人の同化を唱道しています。彼等を日本の伝統と文化に順応させようとしています、しかし、それと共に、彼等の伝統と文化を知ろうとは決してしないのであります。同化を欲する日本人は自己の希望に急でありまして、彼を知るの余裕を全く失っているのであります。同化の当否はとにかく、苟《いやし》くも朝鮮問題に容喙《ようかい》するものが、朝鮮及朝鮮民族に関する理解と知識を、日本民族に求めなくて、何事ができるのでしょうか。

試みに、これらに関する従来の状態を見ますと、民間に於て、ほんの一二の著作のみがあるばかりで、殆んど何《な》んの企てもしていないのであります。学校の教科書の如きも旧態依然、その著者さえ朝鮮に関する何等の知識ももってはいません。ただ人情風俗の点で、巷間《こうかん》に彼《か》の国の妓生《ぎせい》が、歌舞場で公衆にその歌舞を見せたに過ぎないのです。そしてその結果、妓生が朝鮮婦人の代表者の如く考えている日本人の多いのは何んと云う皮肉でしょう。こうして、日本人の頭脳に反映している朝鮮人は新聞紙の三面の『不逞鮮人』であり、大正博覧会で歌舞をした妓生であったのであります。私は文化政治、日鮮融和を十年一日《いちじつ》の如く宣伝していられる朝鮮総督府の諸先生方に、這般《しゃはん》の消息について、御感想をきいてみたいものだと思っています。

五

朝鮮は、四千年の歴史を有する、東洋の君子国であります。儒教の感化は、三歳の童子にも及んでいます。経書を講ずる咿唔《いご》の声は、春夏秋冬津々浦々までも聴くことができます。儒生は、長髪衣冠して、篤《あつ》く後進の育英に努めています。

朝鮮民族は、平和の民であります。彼は決して侵略の民族ではありません。彼の歴史は、明かにそれを証明しています。彼にもし幾頁《ページ》かの戦の歴史がありとしたならば、それは侵略者に対する防衛のための戦でありました。彼は、ファザアランドを衛《まも》らんとして、正義のために剣《つるぎ》を按《あん》じて起《た》ったのであります。平和は、常に鴨緑江《おうりょっこう》以南の半島をめぐんでいたのです。

朝鮮は、芸術の国であります。東洋の形象美術は、むしろここにその発祥を為《な》したものであると申しても、決して過言ではありません。否《いな》、世界史上に於《お》ける、美術の先進国であると申しても、差支ないのであります。私は、あの楽浪《らくろう》時代の建築美術が、その同時代に、世界のどこにあれくらいの発達を遂げていたかをきいてみたいのであります。

朝鮮は形勝の国土であります。其雄大な山水は、之《これ》を日本と比べて、決して劣らないのみか、むしろ遥かに優超していることを、私は常に感じています。ひとり金剛山《こんごうさん》の奇勝とは申しません。大同江《だいどうこう》、牡丹台《ぼたんだい》、鴨緑江の壮麗とは申しません。あの半島の随所に絶佳の勝地は、恰《あたか》も茅屋《ぼうおく》にかくれた少女の如く、草廬《そうろ》に安んずる英雄の如く、私達の眼《まなこ》を驚かせます。

朝鮮人は、親しみ易く、相愛し易い民族であります。そしてものなつかしい心情の持主であります。わけても婦人や子供の可憐な民族であります。日本人の考えているような狂暴の民族性はどこにも見ることができないのであります。一度、彼等の国に住《すま》い、彼等に交《まじわ》るものは、何人《なんびと》もうなずかれる事柄であります。

私は、これ以上に、朝鮮人に対する私の感想を述べることをやめます。それは、到底断片的な記述では、十分につくすことができないからであります。

日本人で、多少朝鮮人を知っている人達は彼等について、いろいろな民族の欠点を挙げています。しかしもし世界のあらゆる民族の、それがもっている欠点をあげるならば、恐らく尨大《ぼうだい》なる著作をなすことができましょう。そして朝鮮民族にも、何人《なんびと》か欠点なしと断言することができましょう。

六

私は日本人に対して決して多くを望みません。愛すべき同胞として信ずべき朋友民族として、あの美しい半島の人々を、親切な心持をもって理解してもらいたいのです。欠点はお互い救い合うことにして、長所と美点と、光明の方面に眼を瞠《みひら》いてもらいたいのです。日本人の兄姉よ、どうか卿等《けいら》のその脳底から、黒き幻影としての朝鮮人をとり去って下さい。そして、明るい、愛すべき民族としての朝鮮人をながめて下さい。日鮮問題は、そこから雪のように解けて行きます。

（『婦人公論』第八年第一二号、一九二三年一一月・一二月合併号）

朝鮮人虐殺事件に就いて

吉野作造

鮮人暴動の流言の出所に就き、親交ある一朝鮮紳士よりこんな話を聞いた。横浜に居る鮮人労働者の一団が、震火災に追われて逃げ惑うや、東京へ行ったらどうかなるだろうと、段々やって来た。更でも貧乏な彼等《かれら》は、途中飢《うえ》に迫られて心ならずも民家に行って食物を掠奪《りゃくだつ》し、自らまた多少の暴行も働いた。これが朝鮮人掠奪の噂《うわ》さを生み、果ては横浜に火をつけて来たのだろう、などと尾鰭《おひれ》をつけて先きから先きへと広まる。かくして彼等の前途には警戒の網が布《し》かれ、彼等は敢無《あえな》くも興奮せる民衆の殺す所となった。飢餓に迫れる少数労働者の過失が瞬く間に諸方に広がって、かくも多数の犠牲者を出《い》だすに至ったのを見て、我々は茫然自失するの外はない。

この説は流言の出所が横浜方面にありとする当局の説明に符合する。暫《しばら》く之《これ》を一面の真相を得たものとしても、併《しか》しこれ丈《だ》けの出来事が、あれ程の結果を生んだ唯一の原因とはどうも思えない。この外に又勢《いきおい》を助成する幾多の原因があったものと見なければならない。然《しか》らばその原因は何かと云う事になるが、我々はまだこれを断定する充分の材料を持たない。併し責任ある××が、この流言を伝播し且《か》つ之を信ぜしむるに与《あずか》って力あったことは疑ないようだ。之等の点は追って事実の明白になった上で更に論評を試みたいと思う。兎《と》に角《かく》民衆は、自警団などと称して鮮人虐殺を敢行したものと否とを問わず、×××の云う事だから嘘ではあるまいと、少くとも一時鮮人の組織的暴行を信じた事は明白の事実だ。尤《もっと》も昂奮《こうふん》の程度には処によって多少異なるものはある。田舎では事情が分らぬだけ、東京の火は大部分鮮人の手に出たなどとの流言を信じ、復讐的に虐殺を行ったのもあるらしい。東京市内では流石《さすが》にそれ程ではなかったが、教養なき階級が自警団なぞと飛び出してる方面では、可成《かな》り乱暴が働かれた様だ。何《いず》れにしてもかくして無辜《むこ》の鮮人の災厄を被《こうむ》ったものの数は非常に多い。罪なくして無意義に殺さるる程不幸な事はない。今度の震火災で多くの財と多くの親しき者とを失った気の毒な人は数限りもないが、併し気の毒な程度に於ては、民衆激情の犠牲になった無辜鮮人の亡霊に及ぶものはあるまい。今度の災厄に於ける罹災民の筆頭に来る者は之等の鮮人でなければならない。

○

殺された鮮人の大部分が無辜の良民であったと云う事は当局でも断言して居るが、流言の如き事実が全然鮮人の間になかったかと云う事に就いては、久しく疑問とされて居った。民衆の昂奮余りに軌を逸するを見るや、当局は頻りに慰撫の警告を発して、鮮人の多数は無害の良民なり、妄《みだ》りに之に危害を加うる事なからんことを諭した。併し乍《なが》ら一度《ひとた》び誤り信じた民衆の感情は、容易に納まるべくもない。当局の戒告に拘《かかわ》らず鮮人の暴行を説くものは今日尚頗《なおすこぶ》る多いではないか。斯《か》くして鮮人の我々の間に於ける雑居は、今日尚充分安全ではない。当局にして之を矯《た》めようとするならば、実はもっともっと民衆に向って啓蒙的戒告に努むべきであった。この点に於て我々は当局の態度の頗る冷淡であった事を遺憾とする。単にそればかりではない。時々、鮮人と社会主義者とが通謀して恐るべき不敵の企てをなせるものあり、などの記事を新聞に発表せしめて、却《かえっ》て民衆の感情をそそる様な事もあった。兎に角事実は久しく曖昧模糊《あいまいもこ》の中に隠されていた。従って我々も当局の態度に対して種々の疑《うたがい》を持ったのであるが、此頃に至って段々事実の発表を見て少なからず疑を解く事が出来たのである。

日本人と鮮人との××に関する報道は今尚公表を禁じられて居るから、今は説かない。併し之を以《もっ》て大袈裟な組織的陰謀と見るべからざる事だけは疑ないらしい。若《も》しそれ震災に乗ぜる鮮人の突発的暴動に至っては、先月下旬の公表に数十名の夫《そ》れを算《かぞ》うると雖《いえど》も、大部分皆殺されて居るのだから、冷静な判断としてはどれ丈《だ》けの暴行をしたのか分らぬと云うの外はない。よしあったとした所が、あの位の火事泥は内地人にも多い。普通ああ云う場合にあり勝ちの出来事で、特に朝鮮人が朝鮮人たるの故を以て日本人に加えた暴行と云う訳には行かない。況《いわ》んや二三の鮮人が暴行したからとて凡ての朝鮮人が同じ様な暴行をすると断する訳には行かぬではないか。此際に於《お》ける内地人の昂奮は余りに常軌を逸して居った。泥棒が東に走ったから東へ行く奴は皆泥棒だと云うような態度だった。殊に鮮人の暴行に対する国民的復讐として、手当り次第、老若男女の区別なく、鮮人を鏖殺《おうさつ》するに至っては、世界の舞台に顔向けの出来ぬ程の大恥辱ではないか。

○

これも親交ある朝鮮の紳士から聞いた話だ。彼は突如旅寓を襲われて二名の×官、十四名の青年団員に衛《まも》られて、某××署の演武場に抛《ほう》り込まれた。捕ったのは三人、後手に縛り上げられる時一人は奮慨の余りに反抗しそうに見えたが、此際何事も命のままにするが得策と宥《なだ》めて、おとなしく引かれて行った。××に行ったら×長と対談して事の仔細を明かにし得《う》るだろうと期待したのに、演武場へ抛り込まれたまま廿日の間一言も弁明の機会は与えられず、又××側の説明にも接しない。一日、何故《なにゆえ》の検束かを尋ねようと試みたが、これに酬《こた》えられたのは手厳しい××の雨であった。それから先き色々の目に遭ったが、結局同行の二人は所謂《いわゆる》行衛《ゆくえ》不明のリストに入って最早此世の人ではないらしい。自分の斯《こ》うして生き残ったのが不思議な位いだ。そして出て見ると、乱暴だと思ったのは、下級の××官ばかりでなく、平素その親切を頼みとして居った純朴な一般内地人が、故なく我々同胞を滅多切りに切り捲《まく》ったという。あの親切な純朴な日本人が一朝昂奮すると斯《こ》の惨虐を敢《あえ》てすると知っては、どうして我々は一刻も安心してこの地に留まることが出来よう。内地の諸君は済まなかったと云って呉《く》れる、民情も鎮《しずま》った、これからは心配はないと慰めても呉れる。けれども我々のかくして日本内地に留まるのは、恰《あたか》も噴火山上に一刻の苟安《こうあん》を愈《たのし》むような思いがする。戦々競々夜の目も合わぬとは此事だ。

右は決して誇張の言ではない。下層鮮人の内地に流入し来るは、元より余り好ましい事ではなかったが、併し内地在留に極度の不安を感じて、学生などがぞくぞく支那に転学するという如き現象は、我々の深き反省に値する事ではないか。こう云う不安に襲わるる朝鮮人も気の毒だが、彼等をしてかくまで恐怖を感ぜしむる我々日本人が、実に大いに反省する所なくてはならない。

○

鮮人虐殺事件に就き差当り善後策として、何よりも先きに講ぜねばならぬのは、犠牲者に対する救恤《きゅうじゅつ》乃至《ないし》賠償であろう。若し之が外国人であったら喧《やかま》しい外交問題が惹《ひ》き起されて居る筈《はず》だ。朝鮮は日本の版図《はんと》だからと云って不問に附することを得《う》べき問題ではない。尤《もっと》も殺された者の多数は労働者などであるから、氏名も判らず、遺族の明かならぬも多かろう。こういうものに対しては、救恤賠償に代えるに、将来一般朝鮮人の利益幸福に資すべき設備の提供を以てするがいいかとも思う。要するに、僕は此際鮮人虐殺に対する内地人の、謂《い》わば国民的悔恨若しくは謝意を表するが為めに、何等かの具体的方策を講ずるの必要を認むるものである。而《しか》して特に之を主張するは、只《ただ》に日鮮融和の政略上よりするのではなく、寧《むし》ろ之を以て大国民としての我々の当然なる道徳的義務と信ずるからである。

○

更に進んで、我々は我々自らの態度を深く反省して見るの必要を感ずる。我々は平素朝鮮人を弟分だという、お互に相助けて東洋の文化開発の為めに尽そうではないかという。然るに一朝の流言に惑うて、無害の弟分に浴せるに暴虐なる民族的憎悪を以てするは、言語道断の一大恥辱ではないか。併し乍ら顧《かえりみ》ればこれ皆在来の教育の罪だ。此所にも考察を要する問題が沢山あるが、これらは他日の論究にゆずり、只一言これを機会に、今後啓蒙的教育運動が民間に盛行せられん事を希望しておく。

○

最後にもう一つ考えて置きたい事は、仮令《たとい》下級官憲の裏書があったとは云え、何故《なにゆえ》にかく国民が流言を盲信し且つ昂奮したかと云う点である。多数の奉公人を使う一家の主人が、或る一人を非常に虐待したとする、虐待されても格別反抗もしないので、平素は意に止めなかったが、その中図《うちはか》らず放火するものがあって、家が全《ま》る焼《や》けになったとする。此時誰云うとなく火を放《つ》けたのはその男だと云うものがあると、人々が悉く成程《なるほど》と信ずるに相違ない。それは平素は意に留めなかったが、彼は平素虐待されて居る所から、必ずや主人を恨んで居った筈だと、各々《おのおの》の心が頷《うなず》くからである。これと同じ様に、鮮人暴行の流言が伝って、国民が直にこれを信じたに就いては、朝鮮統治の失敗、之に伴う鮮人の不満と云うようなことが一種の潜在的確信となって、国民心裡の何所《どこ》かに地歩を占めて居ったのではなかろうか。果して然らば、今度の事件に刺戟《しげき》されて、我々はまた朝鮮統治という根本問題に就いても考えさせられる事になる。

朝鮮から来て居る僕の友人は、鮮人同士の今回の災厄によって被れる窮迫を救わんとして、檄《げき》を本国の父兄に発して義捐金《ぎえんきん》を募った。やがて集った若干額を東京に送ろうという時になって、銀行は送金を拒んだ。官憲の干渉があった為めだと云う。官憲は何の為めに救恤資金の転送を阻止したか。揣摩《しま》するもの曰《いわ》く、この金の或は不逞の暴挙に利用せらるるなからんかを恐れたからだと。何所まで事実かは知らないが、食うや食わずの罹災者の救助資金にまで文句を云わねばならぬ程煩わしき警戒を必要とするなら、何所に我々は朝鮮統治の成績を語る面目があるか。爆弾を懐《かか》いて噴火口上を渡るようなのが、属領統治の本分では断じてない。

（『中央公論』第三八年第一一号、一九二三年一一月）

V

悲劇を乗り越える作家たち

大震雑記

芥川龍之介

一

大正十二年八月、僕は一游亭《いちゆうてい》〔小穴隆一《おあなりゅういち》〕と鎌倉へ行き、平野屋別荘の客となった。僕等の座敷の軒先はずっと藤棚になっている。その藤棚の葉の間にちらほら紫の花が見えた。八月の藤の花は年代記ものである。そればかりではない。後架の窓から裏庭を見ると、八重の山吹も花をつけている。

　山吹を指すや日向《ひなた》の撞木杖《しゅもくづえ》　一游亭

（註に曰《いわく》、一游亭は撞木杖をついている。）

その上又珍らしいことには小町園の庭の池に菖蒲も蓮と咲き競っている。

　葉を枯れて蓮《はちす》と咲ける花あやめ　一游亭

藤、山吹、菖蒲と数えて来ると、どうもこれは唯《ただ》ごとではない。「自然」に発狂の気味のあるのは疑い難い事実である。僕は爾来《じらい》人の顔さえ見れば、「天変地異が起りそうだ」と云った。しかし誰も真《ま》に受けない。久米正雄の如きはにやにやしながら、「菊池寛《きくちかん》が弱気になってね」などと大いに僕を嘲弄したものである。

僕等の東京に帰ったのは八月二十五日である。大地震はそれから八日目に起った。

「あの時は義理にも反対したかったけれど、実際君の予言は中《あた》ったね。」

久米も今は僕の予言に大いに敬意を表している。そう云うことならば白状しても好い。——実は僕も僕の予言を余り信用しなかったのだよ。

二

「浜町《はまちょう》河岸《がし》の舟の中に居ります。櫻川三孝《さくらがわさんこう》。」

これは吉原《よしわら》の焼け跡にあった無数の貼り札の一つである。「舟の中に居ります」と云うのは真面目に書いた文句かも知れない。しかし哀れにも風流である。僕はこの一行の中に秋風の舟を家と頼んだ幇間《ほうかん》の姿を髣髴《ほうふつ》した。江戸作者の写した吉原は永久に返っては来ないであろう。が、兎《と》に角《かく》今日と雖《いえど》も、こう云う貼り札に洒脱《しゃだつ》の気を示した幇間のいたことは確かである。

三

　大地震のやっと静まった後、屋外に避難した人人は急に人懐しさを感じ出したらしい。向う三軒両隣を問わず、親しそうに話し合ったり、煙草《たばこ》や梨をすすめ合ったり、互に子供の守《も》りをしたりする景色は渡辺町、田端《たばた》、神明町、――殆《ほとん》ど至る処に見受けられたものである。殊に田端のポプラア倶楽部の芝生に難を避けていた人人などは背景にポプラアの戦《そよ》いでいるせいかピクニックに集まったのかと思う位、如何《いか》にも楽しそうに打ち融けていた。

　これは夙《つと》にクライストが「地震」の中に書いた現象である。いや、クライストはその上に地震後の興奮が静まるが早いか、もう一度平生の恩怨が徐《おもむ》ろに目ざめて来る恐しささえ書いた。するとポプラア倶楽部の芝生に難を避けていた人人もいつ何時《なんどき》隣の肺病患者を駆逐しようと試みたり、或《あるい》は又向うの奥さんの私行を吹聴して歩こうとするかも知れない。それは僕でも心得ている。しかし大勢の人人の中にいつにない親しさの湧いているのは兎《と》に角《かく》美しい景色だった。僕は永久にあの記憶だけは大事にして置きたいと思っている。

四

僕も今度は御多分に洩《も》れず、焼死した死骸を沢山見た。その沢山の死骸のうち、最も記憶に残っているのは浅草仲店《なかみせ》の収容所にあった病人らしい死骸である。この死骸も炎に焼かれた顔は目鼻もわからぬほどまっ黒だった。が、湯帷子《ゆかたびら》を着た体や痩せ細った手足などには少しも焼け爛《ただ》れた痕《あと》はなかった。しかし僕の忘れられぬのは何もそう云う為ばかりではない。焼死した死骸は誰も云うように大抵手足を縮めている。けれどもこの死骸はどう云う訳か、焼け残ったメリンスの蒲団《ふとん》の上にちゃんと足を伸ばしていた。手も亦《また》覚悟を極《き》めたように湯帷子の胸の上に組み合わせてあった。これは苦しみ悶《もだ》えた死骸ではない。静かに宿命を迎えた死骸である。もし顔さえ焦げずにいたら、きっと蒼《あお》ざめた唇には微笑に似たものが浮んでいたであろう。

僕はこの死骸をもの哀れに感じた。しかし妻〔文《あや》〕にその話をしたら、「それはきっと地震の前に死んでいた人の焼けたのでしょう」と云った。成程《なるほど》そう云われて見れば、案外そんなものだったかも知れない。唯《ただ》僕は妻の為に小説じみた僕の気もちの破壊されたことを憎むばかりである。

五

僕は善良なる市民である。しかし僕の所見によれば、菊池寛はこの資格に乏しい。

戒厳令の布《し》かれた後、僕は巻煙草を銜《くわ》えたまま、菊池と雑談を交換していた。尤《もっと》も雑談とは云うものの、地震以外の話の出た訳ではない。その内に僕は大火の原因は○○○○○○○そうだと云った。すると菊池は眉を挙げながら、「嘘《うそ》だよ、君」と一喝した。僕は勿論そう云われて見れば、「じゃ嘘だろう」と云う外はなかった。しかし次手《ついで》にもう一度、何でも○○○○はボルシェヴィッキの手先だそうだと云った。菊池は今度は眉を挙げると、「嘘さ、君、そんなことは」と叱《しか》りつけた。僕は又「へええ、それも嘘か」と忽《たちま》ち自説（？）を撤回した。

再び僕の所見によれば、善良なる市民と云うものはボルシェヴィッキと○○○○との陰謀の存在を信ずるものである。もし万一信じられぬ場合は少くとも信じているらしい顔つきを装わねばならぬものである。けれども野蛮なる菊池寛は信じもしなければ信じる真似もしない。これは完全に善良なる市民の資格を放棄したと見るべきである。善良なる市民たると同時に勇敢なる自警団の一員たる僕は菊池の為に惜まざるを得ない。

尤《もっと》も善良なる市民になることは、――兎に角苦心を要するものである。

六

僕は丸の内の焼け跡を通った。此処《ここ》を通るのは二度目である。この前来た時には馬場先の濠《ほり》に何人も泳いでいる人があった。きょうは僕は見覚えのある濠の向うを眺めた。濠の向うには薬研《やげん》なりに石垣の崩れた処がある。崩れた土は丹《に》のように赤い。崩れぬ土手は青芝の上に相不変《あいかわらず》松をうねらせている。其処《そこ》にきょうも三四人、裸の人人が動いていた。何もそう云う人人は酔興に泳いでいる訣《わけ》ではあるまい。しかし行人たる僕の目にはこの前も丁度《ちょうど》西洋人の描いた水浴の油画《あぶらえ》か何かのように見えた。今日もそれは同じである。いや、この前はこちらの岸に小便をしている土工があった。きょうはそんなものを見かけぬだけ、一層平和に見えた位である。

僕はこう云う景色を見ながら、やはり歩みをつづけていた。すると突然濠の上から、思いもよらぬ歌の声が起った。歌は「懐しのケンタッキイ」である。歌っているのは水の上に頭ばかり出した少年である。僕は妙な興奮を感じた。僕の中にもその少年に声を合せたい心もちを感じた。少年は無心に歌っているのであろう。けれども歌は一瞬の間にいつか僕を捉えていた否定の精神を打ち破ったのである。

芸術は生活の過剰だそうである。成程そうも思われぬことはない。しかし人間を人間たらしめるものは常に生活の過剰である。僕等は人間たる尊厳の為に生活の過剰を作らなければならぬ。更に又巧みにその過剰を大いなる花束に仕上げねばならぬ。生活に過剰をあらしめるとは生活を豊富にすることである。

僕は丸の内の焼け跡を通った。けれども僕の目に触れたのは猛火も亦焼き難い何ものかだった。

（『中央公論』第三八年第一一号、一九二三年一〇月）

災後雑感

菊池寛

震災は、結果に於《おい》て、一《ひとつ》の社会革命だった。財産や位置や伝統が、滅茶苦茶になり実力本位の世の中になった。真に働き得《う》るものの世の中になった。それは、一時的であり部分的であるけれども、震災の恐ろしい結果の中では只《ただ》一の好ましい効果である。

為政者も民衆も、この教訓を忘れなかったら、来る筈《はず》であった社会革命の惨害を避け得ることが、或《あるい》は出来るかも知れないと思う。

×

我々文芸家に取って、第一の打撃は、文芸と云うことが、生死存亡の境に於ては、骨董書画などと同じように、無用の贅沢品であることを、マザマザと知ったことである。かねて、そうであることは、知っていたものの、それを、マザマザと見せられたのは、悲しいことだった。

×

今度の震災では、人生に於て何が一番必要であるかと云うことが、今更ながら分った。

生死の境に於ては、ただ寝食の外必要のものはない。食うことと寝ることだ。佐々木茂索、戯れて曰《いわ》く、「クーネル」派の文学を興さんと。震後四五日、我々は喰《く》うことと寝ることの外は、何も考えなかった。「パンのみにて生くるものに非《あら》ず」などは、無事の日の贅沢だ。

凡《すべ》ての商買の中でも、人生に第一義に必要な物丈《だけ》が残った。食物の店丈である。呉服屋や下駄屋でさえ、容易に店を開かなかった。美術小間物屋や、写真屋や骨董屋などは、当分破滅の外はないだろう。自分の家の近所の楽器店では、味噌を売っていた。芸術の悲哀である。

×

むろん、こうした寝食丈の人生が、人生の凡てではないだろう。が、しかしそれはたしかに人生の究極の相である。究極の人生に芸術が、無用の長物であると云うことは、我々に取っては、可なり不愉快な真実である。我々の仕事に対して信念を失ったことは、第一の被害である。

×

私は、曽《かつ》て自分が労働することを考えて見た。私のような身体《からだ》では、とても筋肉労働は出来ない。理髪のような仕事なら出来ると思った。そして、理髪と云う職業は、如何《いか》なる世の中が来ても、要求される仕事だと思っていた。震災後、床屋が第一に店を開いたのを見て、私は私の先見が当ったのを知って微笑した。

×

が、とにかくにも、自分の食う丈のものは、自分で作ると云うことが、一番大切な仕事であると云うことが、よく分った。自分の食う物を自分で作るものは、一番強い人間だと思った。そんな意味で、人生に於て一番よい、一番強い仕事は百姓だ。私は今更ながら、武者小路氏〔武者小路実篤〕の生活を思わずには居られない。

×

今度の震災に依《よ》って、文芸が衰えることは、間違ないだろう。我々が、文芸に対する自信を失《な》くしたのも、一の原因となるだろう。その上、文芸に対する需要が激減するだろう。震災後、書店は長く店を閉じていた。印刷能力の減少も、その大なる原因だ。雑誌の減少も、その一つだ。量に於ける文芸の黄金時代は去ったと云ってもいいだろう。

×

小説は、まだいい、筆と原稿紙とさえあれば、どんないいものでも書かれないと云う訳はない。もっと、悲惨なのは、戯曲である。劇場なくして戯曲をかくと云うことは、どんなに創作本能の強い人に取っても、張り合のない仕事に違いない。折角勃興し来《きた》った日本の劇界も、茲《ここ》四五年の頓挫は免れまい。

×

震災に依って、作家の主観が深められ、その為に文芸が深刻になると云う人がある。或は然《しか》らん。然《しか》し、それは作家本位の観察である。我々は、いい加減なことを書いては居られないと云う気がする。然し、それは作家側の考《かんがえ》である。需要者側の要求する文芸はそうではないだろう。きっと、娯楽本位の通俗的な文芸が流行するだろう。読者は、深刻な現実を逃れんとして娯楽本位的な文芸に走しるだろうと思う。そんな意味でも、文芸の衰頽は来る。

×

文芸界の衰退が来ても、我々の如《ごと》きは、年貢の収め時だと思って、甘んじて田園に去るが、気の毒なのは新進作家である。プロレタリヤ作家もブルジョア作家もあったものでない。

隠忍雌伏《しふく》して実力を養い、新しき機運到来を待つ外はないと思う。

×

私なんかも、地震の被害は極めて軽かった。揺れ始めると忽《たちま》ち庭に飛び降りていた。ただ、最初の地震の稍《やや》落着くのを待って、日本橋の身寄の家を見舞った。その帰途、万世橋に出ようと思って進むと、黒煙が、濛々として、掩《おお》いかかっている。これは、駄目だと思って引返すと、三越《みつこし》の裏手が焼けている。北方は、神田が焼けている。ただ神田と、丸の内との煙の間に、わずかに青空が見える。私は、其処《そこ》を目指して進んだ。もう、道路は避難者と荷車とで、雑沓している。青年会館と神田橋との間に出て見ると、神田橋の向う側が焼けている。私は辛うじて神田橋と一つ橋の間の河岸《かし》に出た。避難者が、濠端《ほりばた》に荷物を積んでいる上に、無数の荷馬車や荷車が通っている為に、私は二三度動けなくなった。火の子が、頭の上に振りかかっている。簞笥《たんす》や、蒲団《ふとん》の間に居る子供達は、泣き叫んでいる。辛うじて車の間をすりぬけて、一つ橋を渡ったときに、初て蘇生の思《おもい》をした。翌日、神田橋と一つ橋の間に、死屍《しし》が充満していると云う話を聞いて、私は慄然《りつぜん》とした。もう、二三十分遅ければ、私も煙に捲《ま》かれていたと思う。従って、私には焼死した人の場合がよく分る。

まだ大丈夫、まだ大丈夫と思っている裡《うち》に、煙に捲かれて死んだ人が沢山あるだろうと思う。そんな意味で、私も生死の境に一歩丈踏み入れて居たと思う。

×

ただ意外だったことは一日の避難者が、みんな元気であったことだ。意気が沮喪《そそう》して居なかった。思うに、火事を避けている人々にも、地震から来る死を免かれたと云う欣《よろこ》びがあったからだと思う。それと同時に、地震を免れて、安心した油断から焼き殺された人が、大部分だと思う。

×

安政の地震や、明暦の大火を物の本で、読んで、その酸鼻の有様に、百年の後尚《なお》面を背けずに居られなかったが、現代にそれ以上の悲惨事を見ようとは、思いも及ばなかった。

明暦の大火の時、浅草御門が、閉されたため幾千人の人々が折重って焼失したと云う記事を読んだが、被服廠《ひふくしょう》の惨状の如きはそれ以上である。が、人間は強い、如何《いか》なる現実にも堪え得《う》るのである。

×

××を持って、合言葉を使うなどと云うことは、大正の世にあるまじき事と思っていたが、震災後四五日の間は、私も××を手にして、合言葉を使って、警戒に当った。その合言葉が、「駒」と云えば「三」と答えるのである。私の家の近所にある「駒込三業組合」の「駒」と「三」とである。芸者屋と待合と料理屋の「三業組合」が合言葉を作るなどと、恐らくは空前絶後の事であろう。

×

こうした災害に当って一番気楽なのは、独り者である。私の知った人で、下宿を焼き出されながら、毎日毎日焼跡見物に飛び廻っている人が、二三人もいた。係累の多い人々ほど、こうした場合に苦しい。出家の第一歩が、恩愛の絆を絶つことに在るのも、尤《もっと》もな事である。

×

この一項は、広告である。私の経営していた「文藝春秋」も。九月号製本中に悉《ことごと》く焼けてしまった。十一月に再刊することになったから、それまで待ってほしい。右「文藝春秋」の読者諸君に本誌を通じて告げて置く。

×

私も、二日の夜池《いけ》の端《はた》まで焼けて来たとき、飛んで来る灰と潮のように駒込橋方面へ逃げてゆく避難民に脅びやかされ、到頭家を捨てて岩崎の解放地まで逃げて一夜を明した。

For life のために逃げると云うことは、イヤなことである。殊に子供とか老人などが連れだと堪らない。生涯の中に、どうかしてこんな目に二度と逢いたくないと思っている。

(『中央公論』第三八年第一一号、一九二三年一〇月)

新方丈記

竹久夢二

1

　東京は私の住む郊外でさえ、日のうちは蟬も鳴かず、鳥さえ飛ばなくなってしまった。初秋《はつあき》の夜のたださえ寂しいに、さすがに虫も、音を忍んで鳴いている。震災以来蚊もあまり出なくなった。

　浅草観音堂の鳩は、どうしているだろう。火事と聞いて私はすぐそう思った。往《い》って見ると、施米《せまい》のこぼれを拾って僅《わず》かに生きていた。それでも騒ぎのあった最中には、餌《え》がなくて疲れてひょろひょろになっていたのを、境内へ避難して飢えた人に、大部分は殺されたそうだ。

　猫は魔物だと世俗にいう、こんな度の火事に猫は何処《どこ》かへ逃げたものか、姿も見せなければ、死骸も見ない、馬や犬のような人なつこい動物は、飼主と共に殉死《じゅんし》した死骸を到る所で見かける。人間の死はあまり直接で、哀れんだり嘆いたりする以上の強い感動のためか、まだ私にははっきり心に来ない。被服廠跡《ひふくしょうあと》の死骸の波を見た時にさえ私は、ただ悄然《しょうぜん》として考える事を知らなかったが、焦土に化した東京の街跡を歩いていて、小動物とか、小さい草や木の生存に、何かしら心が引かれるのを覚える。京橋の大根河岸《だいこんがし》に一本残った柳の木、車坂《くるまざか》に残った小さい芋畑《いもばたけ》、築地河岸《つきじがし》で見た一茎の草花をいじらしく眺めた。

2

灰色の東京を見下して、最も心づよく眼にうつるものは、緑の立木である。上野公園、芝公園、日比谷公園、山王の森、愛宕山《あたごやま》、宮城等《など》を見渡すとき、これ等《ら》の森の木が、どんなに猛火と戦ったかを、今更のように感ぜずにはいられない。それにつけても、新しく造られる大東京は、緑の都市でなくてはならない。

清水公園を宅地に開放したり、弁慶橋《べんけいばし》を撤廃して堀を埋めて住宅を造るという議があったが、そんなにまで人間が、自然の風光を無視して、利殖《りしょく》のために、たださえ住みにくい東京をもっと狭苦しく趣きのないものにしようとした俗吏達も、いまは思い知ったであろう。

3

戦勝以来一躍して世界の日本帝国になって、その商業主義、唯物主義が所謂《いわゆる》文化の絶頂を示した観があったが、自然の一揺《ひとゆす》りに、一瞬にしてぴしゃんこになってしまった。しかし破壊されたのは建築物に過ぎない、所謂文化はまた再び栄えるに違いない。あやしげな文化建築、文化風俗、文化何々と。それにしても、こん度の災害はまだまだ我々の祖先が経験した、たとえば一朝にして富士山が近江《おうみ》の国から飛んだり、中禅寺湖から妙義山《みょうぎさん》がけし飛んだような、地理的変動に比べれば、やさしいものだ。人畜の損傷の多かったのは、電気、瓦斯《ガス》、水道、油など謂《あら》ゆる文明の利器が生んだ機械文明が力をかしたことも間接の原因になっている。

4

山の手の方から下町の被害地を見物に出かける婦人達は、みんな親の仇《かたき》を打つような格好で、襷《たすき》がけに足袋《たび》はだしだ。一番悪い着物をきて歩くというのも世間への遠慮であろう。大東京建設のために、失った家庭を再興するために、婦人達が生活を簡素に、衣食住を質実にすることは好いことに違いないが、東京の若い女達が、喪《も》に逢《あ》った未亡人のように、断髪にしたり、色彩のない着物をきたりするにも及ぶまい。どんな質素な衣服は作るにしても、優雅と趣きを失わない心掛はもってほしい。金の高いものを身に着けなければ、三越《みつこし》、白木《しろき》で流行と称するものを持っていなければ、肩身を狭くおもっていたような、つまり商業主義の犠牲になっていた婦人達も、これからは、金で品物を買わないで頭で買わなくてはならない。つまり自分の趣向を持って生活する時がきたわけだ。

幾日かのテント生活の経験は、私達に原始的な素朴な勇敢な気性と、同時に、最も進歩した未来の生活を暗示した、善《よ》き教訓を与えた。私達は多くの家族と、種々の家庭が、急造のテントの下で、相扶《あいたす》け相励まして、一つ釜で一つの火で食事をした。一つの火を中心に幾家族かが、生活することは、やがて来《きた》る時代を暗示しているとおもう。火の用心から言って、主婦の能率増進の上から、社交和楽の点から、この得がたい経験を生かしたいものだとおもう。

5

方丈記の昔にも「勢ひあるものは、貪欲《どんよく》深く、ひとり身なる者は人に軽《かろ》しめらる。宝あれば恐《おそれ》多く、貧しければ歎《なげ》き切《せつ》なり。頼めば身他の奴《やっこ》となり、人をはごくめば心恩愛につかはる。世に従へば見苦し、また従はねば狂へるに似たり。いづれの所をしめ、いかなる業をしてか、暫しこの身をやどし、玉ゆらも心をなぐさむべき」と書いてある。

幾干《いくばく》もない私の交友の中でさえ、人の心が荒《すさ》み尖《とが》って、ある人は、その温情が、堪えぬばかり感傷的になり、絶望的な厭世を起したものがあり。またある人は、ただもう眼前の生活の威赫《いかく》に、持っている物は放すまいとし、取れるものならみんな自分の物にしようとするのだ。命ばかりを取とめて、すべてを失ったものは、すべての欲がなくなったようだし、少しでも被害の少いもの、何がしを取残したものは、いやが上にも、所有しようとしているのを私は見た。

横浜で、ある会社の社長が柱の下敷になって、「金はいくらでも出す助けてくれ」と言ったのを見殺しにして、隣りの芋屋《いもや》の家族と自分の主人達を救った、勇敢《ゆうかん》な若者を私は見た。この社長が助からなかったのは、いろいろな意味で残念だが、金はいくらでも出すという人が金を出したためしはない。

6

私達にとって欧洲戦争は、対岸の火事ほどの実感もなかったが、こん度の震災で、ほんとうに、世界思想の推移をはっきりと見たようにおもう。我等は何を成すべきかを、私どもは、ことに新しく考えねばならない。

（九月十九日）

（『婦人世界』第一八巻第一〇号、一九二三年一〇月）

石油ランプ

寺田寅彦

(此《こ》の一篇を書いたのは八月の末であった。九月一日の朝、最後の筆を加えた後に、此《これ》を状袋に入れて、本誌に送るつもりで服のかくしに入れて外出した。途中であの地震に会って急いで帰ったので、とうとう出さずにしまって置いた。今取出して読んで見ると、今度の震災の予感とでも云ったようなものが書いてある。それでわざと其儘《そのまま》に本誌にのせる事にした。)

生活上の或《あ》る必要から、近い田舎の淋しい処に小さな隠れ家を設けた。大方は休日などの朝出かけて行って、夕方はもう東京の家へ帰って来る事にしてある。併《しか》しどうかすると一晩位其処《そこ》で泊るような必要が起るかも知れない。そうすると夜の灯火の用意が要る。電灯は其《その》村に来て居るが、私の家は民家と可也《かなり》かけ離れた処に孤立して居るから、架線工事が少し面倒であるのみならず月に一度か二度位しか用のないのに、わざわざそれだけの手数と費用をかける程の事もない。矢張石油ランプの方が便利である。

それで家が出来上る少し前から、私はラムプを売る店を注意して尋ねて居た。散歩の序《ついで》に時々本郷神田辺のガラス屋などを聞いて歩いたが、何処《どこ》の店にも持合わせなかった。其等《それら》の店の店員や主人は「石油ラムプはドーモ……」と、特に「は」の字にアクセントをおいて云って、当惑そうな、或《あるい》は気の毒そうな表情をした。傍《そば》で聞いて居る小店員の中には顔を見合せてニヤニヤ笑って居るのもあった。恐らく此等《これら》の店の人に取って、今頃石油ラムプの事などを顧客に聞かれるのは、疾《とう》の昔に死んだ祖父の事を、戸籍調べの巡査に聞かれるような気でもする事だろう。

或る店屋の主人は、銀座の十一屋にでも行ったらあるかも知れないと云って注意してくれた。散歩の序に行って見ると、成程《なるほど》あるにはあった。米国製で中々丈夫に出来て居て、一寸《ちょっと》位投《ほう》り出しても壊れそうもない、又どんな強い風にも消えそうもない、実用的には申分のなさそうな品である。それだけに、どうも座敷用又は書卓用としては、余りに殺風景なような気がした。

此《こ》れは台所用として兎《と》も角《かく》も一つ求める事にした。

蠟燭《ろうそく》にホヤをはめた燭台や手燭《てしょく》もあったが、此れは明るさが不充分なばかりでなく、何となく一時の間に合せの灯火だというような気がする。それにラムプの焰は何処かしっかりした底力をもって居るのに反して、蠟燭の焰は云わば根のない浮草のように果敢《はか》ない弱い感じがある。その上に段々に燃え縮《ちぢま》って行くという自覚は何となく私を落着かせない。私は蠟燭の光の下で落付いて仕事に没頭する気にはなれないように思う。

併し何かの場合の臨時の用にもと思って此れも一つ買う事にはした。

肝心の石油ラムプは中々見付からなかった。粗末なのでよければ田舎へ行けばあるだろうとおもって居たが、いよいよあたって見ると、都に近い田舎で電灯のない処は今時もう何処にもなかった。従ってそういう淋しい村の雑貨店でも、神田本郷の店屋と全く同様な反応しか得られなかった。

段々に意外と当惑の心持が増すにつれて私は、東京という処は案外に不便な処だという気がして来た。

若《も》し万一の自然の災害か、或は人間の故障、例えば同盟罷業やなにかの為に、電流の供給が中絶するような場合が起ったらどうだろうという気もした。そういう事は非常に稀な事とも思われなかった。一晩位なら蠟燭で間に合せるにしても、もし数日も続いたら誰もラムプが欲しくなりはしないだろうか。

此れに限らず一体に吾々は平生余りに現在の脆弱《ぜいじゃく》な文明的設備に信頼し過ぎて居るような気がする。適《たま》に地震の為に水道が止まったり、暴風の為に電流や瓦斯《ガス》の供給が絶たれて狼狽《ろうばい》する事はあっても、しばらくすれば忘れてしまう。そうしてもっと甚しい、もっと永続きのする断水や停電の可能性が何時《いつ》でも目前にある事は考えない。

人間は何時死ぬか分らぬように器械はいつ故障が起るか分らない。殊に日本で出来た品物には胡魔化《ごまか》しが多いから猶更《なおさら》である。

ラムプが見付からない不平から、ついこんな事まで考えたりした。

其《その》内に偶然或《ある》人から日本橋区の或町に石油ラムプを売って居る店があるという事を教えられた。やっぱり無いのではない、自分の捜し方が不充分なのであった。

丁度忙しい時であったから家族を見せに遣《や》った。

其店は卸《おろ》し屋《や》で小売はしないのであったが、強いて頼んで二つだけ売ってもらったそうである。どうやらラムプの体裁だけはして居る。しかし非常に粗末な薄っぺらな品である。店屋の人自身が此れはほんの其時切りのものですから永持ちはしませんよと云って断って居たそうである。

どうして、わざわざそんな一時限りの用にしか立たないラムプを製造して居るのか。そういう品物がどういう種類の需要者によって、どういう目的の為に要求されて居るかという事を聞きただして見たいような気がした。何故《なぜ》もう少し、しっかりした、役に立つものを作らないのか要求しないのか。

此の最後の疑問はしかし恐らく現在の我国の物質的のみならず精神的文化の種々の方面に当て嵌《は》まるものかも知れない。此の間に合せのラムプは唯《ただ》それの一つの象徴であるかも知れない。

二つ買って来たラムプの一つは、石油を入れて見ると底のハンダ付けの隙間から油が滲《し》み出して用をなさない。此れでは一時の用にも立ちかねる。此れはランプではない。つまりランプの外観だけを備えた玩具か標本に過ぎない。

ランプの心《しん》は一把《いちわ》でなくては売らないというので、一把百何十本買って来た。恐らく生涯使っても使い切れまい。自分の宅《うち》で此れだけ充実した未来への準備は外にはないだろうと思って居る。併しランプの方の保存期限が心の一本の寿命よりも短いのだとすると心細い。

此のランプに比べて見ると、実際アメリカ出来の台所用ランプはよく出来て居る。粗末なようでも、急所がしっかりして居る。凡《すべ》てが使用の目的を明確に眼前に置いて設計され製造されて居る。此れに反して日本出来のは見掛けのニッケル鍍金《ときん》などに無用な骨を折って、使用の方からは根本的な、油の漏れないという事の注意さえ忘れて居る。

唯アメリカ製の此の文化的ランプには、少くも自分にとっては、一つ欠けたものがある。それを何と名づけていいか、今一寸適当な言葉が見付からない。併しそれは唯此のランプに限らず、近頃の多くの文化的何々と称するものにも共通に欠けて居る或物である。

それは所謂《いわゆる》装飾でもない。

何と云ったらいいか。例えば書物の頁《ページ》の余白のようなものか。それとも人間のからだで云えば、例えば——まあ「耳たぶ」か何かのようなものかも知れない。耳たぶは、あってもなくても、別に差支えはない。しかしなくてはやっぱり物足りない。

＊　＊　＊

其後軽《かる》井《い》沢《ざわ》に避暑して居る友人の手紙の中に、彼地《かの》でラムプを売って居る店を見たと云ってわざわざ知らせてくれた。又郷里へ注文して取寄せてやろうかと云ってくれる人もあった。併し折角遠方から取寄せても、それが私の要求に応じるものでなかったら困ると思って、其儘にしてある。どうせ取寄せるなら、何処か、英吉利《イギリス》辺の片田舎からでも取寄せたら、そうしたら或は私の思って居るようなものが得られそうな気がする。

併しそれも面倒である。結局私は此の油の洩《も》れる和製の文化的ラムプをハンダ付けでもして修繕して、どうにか間に合わせて、それで我慢する外はなさそうである。

（一二、九、一）

（『生活文化の基礎』第四巻第一号、一九二四年一月）

蓄音機と徳利搗とトタン板の音

宇野浩二

十月の初の或《ある》晩、私は家に帰る途《みち》で、上野公園の中のバラック町を歩いていると、蓄音機の安来節《やすぎぶし》が聞えるので、その音のする方へ引かれて行った。それは、そこにどんな光景が展開されて居るのだろうと思う好奇心の外に、私自身随分長い間音楽という音楽を聞かなかったので、その蓄音機の音楽を聞こうと思ってでもあった。それは普通の公設バラックに見る普通の長屋建のものではあるが、それの五軒分位を区劃《くかく》なしに打ち抜いたような体裁の一棟で、従って出入口は往来に面した方にでなくその横の方にあった。往来に面した方には粗末な障子の嵌《は》まった五箇の窓が附いていた。

私はなるべく足音を忍ばしてそれ等《ら》の窓の一つに近づいて行ったのであるが、不思議に思えたのは、そんながさつなバラックの中でのことだのに、安来節をうたっている蓄音機だけが変に静粛に鳴っていて、当然それを傍聴している筈《はず》の、して見れば決して二人や三人である筈でない人々が、余り音無し過ぎるような気がしたのである。実際、その小屋から一二間〔約一・八～三・六メートル〕以内の距離に来るまでは、誰もいない忘れられた小屋の中で、どうかした拍子に蓄音機の機械がひとりでに廻り出して、ひとりでにそんな音楽を奏しているんじゃないかというような、そういう童話的な光景をさえ一瞬間私は想像した程である。

が、近づくに随《したが》って、無論そこに蓄音機の外に、私は人々の気配を聞くようになった。が、それは人々の話したり、喝采《かっさい》したりしている声ではなくて、トントントントンと何かを叩《たた》いている音であった。トントントントン、と無数に、頻《しき》りに叩いている音なのである。多分、人々は音楽に心を浮かされて、思い思いに拍子をとっているのであろうか。

そして私は窓に近づいて行って、中に一ところ、障子が二寸〔約六センチメートル〕ばかり開いている窓の傍《そば》に立ち止まって、そっと中を覗《のぞ》いて見た。と、それは更に私の想像に反した異様な光景であった。部屋のまん中に粗末な卓子《テーブル》があって、蓄音機はその上に載せられてあった。それは地震前よく山の手町の小売商店などの店頭で往来の人の足を止めているのを見かけた、大きなラッパの附いた粗末な品物らしかった。傍に一人の詰襟《つめえり》の洋服を着た、役場の小使風の男が、それの係と見えて、彼自身も明らかにその音楽を楽んで居るらしく、にこにこしながら、然《しか》し黙って、回転しているレコードを見詰めて居る。傍に腰掛があるようだったが、兎《と》に角《かく》その時彼は立って居た。そして聴き手は？

聴き手は悉《ことごと》く男で、思い思いに胡坐《あぐら》を組んだり、坐《すわ》ったり、立膝《たてひざ》をしたりして、その卓子の周囲を二三重になって囲んでいるのだ。それはもう六十近く見える男や、中年の男や、兵隊検査時分の年頃の者や、そして商人らしい者、労働者らしい者、或いは学生らしい者、その他あらゆる種類の男が網羅されて居るように見えた。そして、どの男もどの男も、悉く自分の坐って居る前にサイダーのらしい罎《びん》、稀に酒の徳利《とっくり》らしいものを置いて、手に手にそれ等の罎或いは徳利の口に、金物か木かの棒を突っ込み又突っ込みして居るのである。トントントントンという音はそれ等の棒の運動に外ならぬのである。それは私に直《すぐ》に分ったが、つまり玄米の徳利搗《とっくりつ》きというやつに外ならない。私も今度生れて初めて、徳利ではないが、擂鉢《すりばち》を臼《うす》にして、野球用のバットを杵《きね》にして、玄米を搗いた経験を持っているし、それ迄《まで》にも両三度人がこの徳利搗きをして居るのを見たことがあるので、その事をそんなに珍しく感じはしなかったが、そんなに大勢の男が、蓄音機を取巻いて、兵隊のように規則正しく無言で、徳利を突いて居る光景に目を見張った。その恰好《かっこう》が又種々様々で、或者は居眠るような形をして居るかと思うと、或者は何かを考えてでも居るように天井を見上げて居る、又別の者は口の中で蓄音機の唄《うた》を真似《まね》てでもいるのか、頻りに口を動かしているように見えるし、又他の者は暗い明りに苦《くるし》みながら一所懸命に何かを読んで居る。

　さて、まん中の蓄音機係は、一つの音楽が終ると、「今度は虎丸《とらまる》〔鼈甲斎《べっこうさい》虎丸〕の浪花《なにわ》節《ぶし》、塩原《しおばら》多助《たすけ》をやります。」とか、「今度は義太夫、呂昇《ろしょう》〔豊竹呂昇〕の酒屋です。」などと報告する。その時に限ってそれ等の徳利搗きの連中の中に、彼方此方《あっちこっち》から「待ってました。」とか、拍手をしたりする声が起るのである。そして、係の男はそのまま口を噤《つぐ》んで、然し相変らずにこにこしながら、蓄音機を見詰め、傍聴人たちは依然として彼等の仕事を始めるのである。その一瞬間の静まった中を、蓄音機の唄と、トントンという徳利搗の音とだけが響き渡る光景は、何とも云えぬ感動的なものであった。

それは、確かには言えないが、所謂《いわゆる》独身者バラックと言うのではなかったろうか。でなくても、未《ま》だその設備が出来てないので、仮りにそこへ独身者ばかりを収容してあったのであろうか。それとも、その晩だけ、そういう催しをして、独身者を集めて慰めて居たのであったろうか。然し又、私の見たところでは、部屋の隅々や、彼方此方に、風呂敷包のようなものとか、着物とか、襯衣《シャツ》とか、手拭とかが置いてあったり、引掛けてあったりしたのを思うと、矢張りそこは独身者だけを一とまとめにして収容してある場所ではなかっただろうか。

何故《なぜ》私がこんなことを言うかというと、これは私だけにしか興味のない話かも知れないが、私はあの九月の初めから、毎日ほど散歩の度《たび》に上野公園の中を往来するにつけて、彼方此方の路の傍に散在しているバラックを、興味をもって、と言ってはそれ等の人々に甚だ済まない訳であるが、見て通ったものである。中に一軒、殊に私の目を引いたのは、公園の中のどの小屋よりも小さくて、それは実際大きな犬小屋程しかなかった、全部焼け錆《さ》びた亜鉛板で囲ったものであった。どこのバラックにしても、人間が二人以上住んでいる限り、私の今言ったような小さなのは有り得なかった。そしてそれは又一人のものとしても余りに狭過ぎるように思われた。が、その中に、いつ通る時でも、間違いなく一人の人間が住んでいた。而《しか》もその男は大柄とは言えない迄も、決して小柄ではなく、年は四十をずっと越していたろうか、髯《ひげ》むくじゃらな顔で、特長は髪の毛を美術家のように延ばしていることであった。だが、その周囲の有様といい、その男の装《よそおい》といい、髯だらけの顔といい、総てが彼の長髪を美術家に見せるよりは乞食《こじき》に見せていたという方が適当であった。

更にその男の特長は、いつ通る時に見ても、仰向《あおむ》けになって寝ていることであった。彼はその小屋の中で斜めの角から角に横たわっていた、が、それでも小屋は彼に足を延ばさせるだけの広さを持っていなかった。だから彼は仰向けの時は膝《ひざ》を立てていたし、稀に横向きになっている時は、膝を蝦魚《えび》のように屈めていた。彼が如何《いか》に寝ていたかということは、私が日に往復二度以上通る時に一度も起きていたことがなかったばかりではなく、散歩好きの私の母〔キヤウ〕がそこを通る度に、矢張りその小屋と、その小屋の主人公の、彼がいつも寝ていることが彼女の注意を引いたと見えて、二三度もその話を夕飯の食卓の折に話していたことがあるし、又私の近所の人たちの間でも、彼等の目からも逃れないと見えて、その小屋と、いつも寝ているその髪の長い男のことが「変ってますね。」という程の話題になっていた。

「あれは然し、坐ってるにも坐ってられないのかも知れませんよ。」と彼等の一人が言った。「あれは狭さも狭いが、高さだって坐っていても頭がつかえますよ、屹度《きっと》。」

実際、その話も決して誇張ではなかった。多分その小屋の高さは、彼が足を投げて坐るとしても、少し身体《からだ》を屈み加減にしないと頭がつかえる程であった。然し、その者が始終寝ている癖があるので、私には矢張りその男は屋根が低い為ではなくて、寝ていることが好きな男に違いないと思えるのである。実際又不自由さから言ったら、先にも言ったようにその小屋は寝ているなら寝ているで、筋違《すじか》いになっても足が延ばせないのであるから、坐っていると同じだけの不自由さがある訳だった。そして、彼の小屋だけが、外の彼方此方の小屋が一日一日減って行く中に、一番遅くまで存在していたことも、私たちの興味を引いた。

さて、先の蓄音機のバラックの話に戻るのであるが、その蓄音機を取巻いて、徳利搗きをやっている大勢の男の中に、私はこの大正の物臭《ものぐさ》太郎を発見したのである。悲しい哉《かな》、ここでは彼も寝ている訳には行かないと見えて、矢張り皆と同じように坐って、そして皆と同じようにサイダーの壜に棒を突っ込み突っ込みする仕事に従事していた。

ところで、この男を私はいつの間にか独身者の代表者のように思い込んでしまっていたものだから、この男の交っているその小屋の人たちを悉く矢張り独身者のように思い、その小屋を独身者バラックであろうと書いた訳で、外に何の理由もないのである。

私も気楽な男に違いないので、その晩そのバラックの窓の前に、かれこれ二三十分間も立っていたのではなかったろうかと思われる。それには、初めのうちは、無論その珍しい光景が面白くてであったろうが、後には私自身その蓄音機の安来節や、浪花節や、義太夫やが面白くて、立ち去り兼ねたものであるらしい。その間には蓄音機の機械を巻く間とか、係の男が小用に立った間とか、或いは蓄音機のうたっている最中にでも、私の耳が少しずつ落着いて来ると、窓の近くの傍聴者たちが時々隣同志でか、後と前とかで、話し合っているのが聞えた。――その二三。

「あんたは一体どの位搗きます？」

「みんな二万遍位といいますが、私は一万位しかやりません。それでも結構食べられますよ。」

又。

「僕はつい一昨日まで××のバラックにいましたがね。……」

「あそこのはここよりしっかりしているというじゃありませんか。」

「さあ、しっかりはしてるかも知れませんが、何から何までがすっかり亜鉛で張ってあるのでね。」

「そいつは困るね。」

「しきりから何から亜鉛でしょう。だから、うっかり後《うしろ》へ、壁にでも寄りかかるつもりで、もたれるとガタンと吃驚《びっくり》するような音がするんです。ところが、面白いんですよ。此方でそのガタンという音をさして、吃驚して、隣の人の手前恐縮していると五分と経たないうちに隣の人が又、うっかりしてもたれるんですね。ガタンという音がして「あッ！」という声がして、急に恐縮したように静かになるんです。気を附けていると、始終彼方でも此方でも、近くの方でも、遠くの方でも、そのガタン、ガタン、「あッ！」とか、中には「御免なさい。」とか言う声が聞えるんです、夜のことですからね。」

「ははははは。」

「はははは。」

そして、それ等の話の間に、蓄音機の唄とトントンという徳利搗きの音と。（十、二〇）

（『中央公論』第三八年第一二号、一九二三年一一月）

死とその悲みに就て

柳　宗悦

一

之《これ》はささやかな思想の贈物に過ぎない。だが私と共に今度の出来事に於《おい》て、悲しい思い出を持つ人々に捧げようとて書いたのである。私は此《この》小篇を只《ただ》理論の道を通してではなしに、私に与えられた一つの夢語りを以《もっ》て書き起そうと思う。

千九百二十三年九月十九日の朝まだき、私は次の様な場面と次の様な会話とをはっきり夢みる事が出来た。

見ると一人の母が子供をかき抱いて、素足のままあわただしく逃れて来る。そうして路辺にあったあの半跏《はんか》する観音の御像《みすがた》の前まで走り寄って、声にふるえ乍《なが》らにこう哀願した。

「観音様、観音様、追手が迫って参ります。どうぞ私達をおかこい下さい。」

「おう、それでは早く私の此《この》経筒の中に匿《かく》れて下さい。」そう云われて親子をすぐ誘おうとなされた。

だが母は尚《なお》も不安な面持ちを以て更に訴えをつづけた。

「隈《くま》なく捜す追手は、やがてそこをも見出すで御座いましょう。私はこの児《こ》を想うて悲しゅう御座います。」

「おお、それは私にも悲しい。」

観音様はこう云われつつ涙に眼を濡らされて、こん度は母子の二人をその「涙」の衣に包んでやられた。

――ここ迄《まで》夢みた時、私はその母が嘗《な》めたと思われる同じ温かさと柔かさと、そうして限りない安堵の悦びとを味い、その嬉しさに夢は破れた。敵はもう親子を苦める事は出来ない。なぜなら苦めれば苦めるほど、彼等《かれら》を守護する温い「涙」の衣が彼等を厚く包むからである。短い夢ではあるが、私は今も此物語りを慕わしく思っている。

私はその頃罪の問題に就て思い悩むでいたのであるから、追手を「罪の勢い」とも又は「悪鬼」の群とも考え得るであろう。併《しか》し私は今その追手を「死」になぞらえ、死から脱《のが》れ得ない人間の運命が如何《いか》にして救われるかに譬えてみたいのである。そうして神が私達の為に注ぐ「悲み」や「涙」の心に、私達が如何に慰められ守られ、そうして死にすら破られぬ喜悦が、如何に与えられるかを考えてみようと思う。

二

「私は神を信じる、だが彼《か》の世界を認許し得ない」。ドストイエフスキーは彼の「カラマゾフ兄弟」の中に此言葉を挿《はさ》んだ。許し難い矛盾ではあるが、犯し難い現実の言葉である。凡《すべ》ての安逸な信仰は此句の前には力を有《も》たない。それは彼の深刻な苦悶からしぼり出た言葉である。目前に悲惨な光景を見る私達は、如何に彼の句が真実さを含むかを感じている。此処《ここ》に現われる矛盾は小さく醜いものではない。そこには偉大さがあり真摯《しんし》さがある。私は多くの信徒の小さな完全な言葉よりも、如何に矛盾に於ても偉大である此句を慕わしく思うであろう。

容易な表現に於て楽天的思想を語るのは、その人に深き苦悶がないしるしだとさえ云い得《う》るであろう。現世は無常な風から遁《のが》れる事は出来ぬ。ソロモンが嘆じた様に「空の空」であるとさえ云い得るであろう。世は悲しさではないと誰が云い得よう。寂さと苦さとの絶えまない反復が吾々の一生を暗くしている。現世の何処に常住なものを求め得よう。世を呪い世を厭う者の声を誹《そし》る前に、私達は彼等に贈るべき涙を用意せねばならぬ。如何に多くの此世の事は涙を待ちつつあるであろう。愛憐の念に温められずしては此世に活《い》くる事が出来ぬ。涙なき思想をまことの思想と呼ぶ事は出来ぬ。

私は此非常時に於て、運命が何ものであるかを考えている。古き問いが新な切な問いとして私達の前に開展する。私達の運命は予期し得ない未来に托されている。誰も次の瞬間を保証する事は出来ぬ。確実に保証し得る論拠は一つだに手に握られてはおらぬ。只それは望ましき「予想」に頼りつつあるに過ぎぬ。巨大な自然に向う時、私達が占める空間と時間とが如何に意味淡《あわ》く思えるであろう。私達が用意なきうちに、死は私達に用意される。生きたいと思い生かしたいと希《ねが》う心を自然は常に受けてはくれない。吾々の存在は宿命によって定められている様にさえ考えられる。死は何ものをも顧慮せずに人と人とを別れさせる。誰も離別の苦みを味わずして一生を過ごす事は出来ぬ。而《しか》も一つの死は一切を暗からしめる勢いをさえ伴うのである。生きると云う事には苦むと云う事さえ意味されている。

かくて死が何であるかと云う事は、生が何であるかと云う事に書き改められる。私達は此生死の問題から自由になる事は出来ぬ。だが私達は此世の苦悶が何を意味するかを顧みねばならぬ。顧る心を許されている事を悟らねばならぬ。此苦みから何が生れて来べきであろう。苦みに於て苦みを殺さず、それを活かす術はないであろうか。嘗《かつ》てパスカルが云いし様に、此一生は果敢《はか》なきものであろうとも、果敢なきを知るその事には偉大さがあろう。私達は自然が私達に与えるものを疎かにしてはならぬ。此世の寂しさとは何であるか。それを見棄てる前に、その意味を尋ねねばならぬ。かくする時私達は思いがけなくも、深き摂理がその苦みにさえ潜む事を見出すであろう。若《も》し生と死とより起る悶絶がなかったら、人類は「永遠」の問題に冷かとなったであろう。無常なる事実は、常住なるものに私達を誘うが為ではないだろうか。それは私達を無限な世界へ繋《つな》ぐ機縁ではないか。深き宗教思想を省る時、それがいつも無常観に発しているのを知る事が出来る。光ある信仰は、暗い悶絶の試錬を経由しているのである。苦みの中より生れでない悦びは、真の悦びではあらぬ。苦みし事なき悦びに、どうして人類を慰め得る力があろう。だが一度それが涙によって洗われる時、それは人を希望に誘う。「此世界を認許し得ない」、此叫びを経ずして、どうして此世界を認許し得るであろう。絶望こそ希望の産みの母である。福音は悲哀への福音であって、悲哀にそむく福音ではあらぬ。私達の安息は浅き保証によるのではない。その静なる安息こそ、強く荒い苦みに鍛えられているのである。安息は安逸ではあらぬ。真の悦びは悲みなき悦びではあらぬ。悲みを抱く悦びである。

三

死にし人々にとっては、残る人々から贈られる涙が、どんなにか嬉しいであろう。果敢ない存在の記憶は只それ等の人々の心によって守られている。私達とても悲さや苦さがなかったら、かくも切に故人を想う事は出来ないであろう。涙こそは記憶を新にしてくれる。悲さに於て、此世の魂と彼世の魂とが逢うのである。死は苦しい出来事である。だが自然は不思議にも悲みの心を私達に与える事によって、此世の苦さを慰めてくれる。人は限りなき幾つかの悩みを嘗める。だが自然はその悩みを省る心をも与えてくれる。悲さや淋さの心が此世になかったら、吾々の運命は如何ばかり殺伐なものであろう。自然は時として酷《むご》いが、同時にそれを償う温さをも半面に忘れてはいない。逝《ゆ》く者は黙する、だが残る者はその魂に向って叫んでいる。死す者の血は冷かになるとも、弔《とむら》う者の心によってそれが温められる。大きな同情を促す事なくして大きな苦痛が現われる場合はない。充《みた》さるる事なき欠亡は此世に許されておらぬ。

吾々はかくして次から次へと人情の緒を引いて此世の旅路を進んでゆく。併し人情には限りがあるとも観じられるであろう。そこには多寡があり強弱がある。いつかは忘却の幕に被《おお》われる出来事であるかもしれぬ。だが人間の情のみが死の寂しさを守護してくれるのではない。もう一つ他に永《とこし》えに変る事なく慈憐の心を注ぐ者がある。その涙は限りなく、その悲さは終る事なく、その温さは尽きる事がない。かかる者が無常な私達の一生を守護している。それは既に限りなき力であるから此世のものではあらぬ。私は愛としての神の心を語っているのである。

多くの死は徒死であったと思えるかもしれぬ。特に恐るべき此災害に際して、その死は酷く且《か》つ哀れである。だがそれ等の運命が神の愛から見逃される場合があろうか。その死が物哀れであればある程、神はその慈念を深めている。神は人の苦しき訴えを待ってはいない。待つよりも早くその苦しさに深き心を用意している。悲む者は慰められると聖書は記した。而も悲む者の幸いをさえそれは保証している。此言葉に誤りはない。神は凡ての死を彼の慈念に於て摂取する。悲惨な此世の無常の風に、虐《しいた》げられる運命であると知れば知るほど、神は彼の心に於てその命数を守護している。神は既に慰める事を用意せずして、人に苦みを与える事を許してはいない。人はあのマリアを涙ぐましきマリアとして画《えが》いた。誰が云いそめたのであるか、あの観音を「悲母観音」とさえ呼んでいる。彼等は凡てもの想いがちな風情ではないか。

　多くの私達は此驚くべき秘密を知らないでいる。私達が神を忘れる時も、神は私達を覚えている。死に於て人々は屢々《しばしば》神を呪っている。併しそれは神の心を知らないのである。この苦界を遁れ得ないからこそ、神は吾々の為に救いを常に準備している。此世に於て最も深く神を讃美し得る時は、苦悶のさ中に於て与えられる。

　生死の二《ふたつ》は此世の事に過ぎぬ。だが神が私達の為に設ける住家は永劫の住家である。死によって、私達は無常に終るのではない。無常な死によって、常住な世界に移るのである。死は此世の出来事であるが故に、そこには多種があるであろう。或場合は平和であり、或場合は苦く酷いであろう。併し神は凡ての死を一種なる永劫の安息に摂取するのである。その死に苦みや寂さが伴うほど、神は更に彼の完《まった》き慈念を準備する。彼は活かす事を約束せずして人間に死を許してはいないのである。

死に旅する者は帰り路を持たぬと云われるかもしれぬ。そうして凡ての者は帰る事なき此旅に出《い》で行くと云われる。だがそれは只此現《うつ》し世《よ》に帰らぬと云う事に過ぎぬ。此世に於ける生活のほか何処《どこ》にもまことの生活がないと誰が云い切るのであるか。私達は此死への旅を次の様に云い改めねばならぬ。それは帰る事なき旅ではなくして、その旅が帰りの旅であると。人は此世が吾々の故郷であると思うかもしれぬ。併しそうではなくして、此世こそ旅の家に過ぎぬであろう。吾々は往く旅に在るのではなくして帰る旅に在るのである。無常なものを越えて常住なものを慕うのは、この秘義のまがう事なき現われであろう。魂はいつも彼岸を慕う。無限を求めるとは無限に帰りつつある心を語るのである。神は私達に永劫な住家を与える事なくして、それを慕う希《ねが》いを吾々に起させはしないであろう。此世に生れたのは神に帰らんが為に生れたのである。船は港に帰ろうとて港を出るのである。死こそ帰り路の終りである。死に於て新な生への歩みが始まる。「吾等は活くるも死ぬるも皆主のものである。」

此信念にまさる死へのよき覚悟はあらぬ。「晨《あした》に道を聞くならば夕べに死すとも尚可なり」と孔子は教えた。深い言葉である。神への信仰に於て人は死に乱れない。吾等の心に悟入があるならば、即刻に死すとも尚幸いである。天災に用意がないのではない、吾々に用意がないのが、凡ての苦悶の発生である。死が不意に来るのではない、只吾々が死を不意に迎えるだけである。（一九二三・一〇・二〇）

（『女性改造』第二巻第一一号、一九二三年一一月。『信と美』〔警醒社書店、一九二五年〕による）

一年後の東京

夢野久作

品川から高架線に移ると、大東京の思い出の夜の街あかりが、青黒い空の下に浮き上って来る。空の星の数にかわりはあるまいが、あかりの数は昔の数の半分位にしか見えない。初秋の風が冷え冷えと窓から這入《はい》る。

ところどころ黒い四角い大きな影法師が突立《つった》って居る。一年前に赤い焔《ほのお》を冲天《ちゅうてん》に吹き上げた大建築の死骸である。……帝国ホテル……帝劇……内外ビル……銀座ビル……星製薬……曰《いわ》く何……曰く何……眼を澄まして見ると、街の灯の見える限り、ところどころに黒いものが影の様に立ったり座ったりして居る。

東京駅の入り口は自動車が昔にかわらず夥《おびただ》しく並んで居て、ブーブーブーブー八釜《やかま》しい八釜しい。「しかし何となく底力の無い様な」と云ったら、迎えに来た友人が笑って、「丸ビルや何かがあかりを消して居るせいだろう」と云った。その自動車の一つに乗って神田橋に出る。仮橋である。去年ここで瓦斯管《ガスかん》を渡り乍《なが》ら、足の下にブクブクの死骸を二つ見つけた事を思い出した。

美土代町《みとしろ》から神保町《じんぼう》、水道橋の通りへ出る。

店のあかりは福岡の三倍もまぶしいが、人通りは福岡よりも尠《すくな》く、パラリパラリとして居る。おまけに男も女もアッサリした姿で、福岡の様なデコデコのハイカラは一人も目《み》つからない。

「馬鹿に淋しいじゃないか」と友人に云うと、「今日は店を早く閉めたんだ。去年の今夜を思い出させるんだそうだ」と冷やかに笑った。

夜通しあかりをつけて、アーク灯を真白《まっしろ》にともして、機関銃を引っきり無しに撃って居た砲兵工廠は、只真黒《まっくろ》い闇の一列になって、気をつけないと、いつ通り過ぎたかわからない。河岸《かし》の柳ばかりが、電灯の光りに青々としだれて居る。

神楽坂《かぐらざか》は震災以来相変らずの人出である。その中に浴衣《ゆかた》がけの狭い帯をした芸者が二三人、団扇《うちわ》を片手にブラリブラリとして居た。思い出させられようが少々きびしい様な……。


——一日——


東京で復興し過ぎたものが、取りあえず三つある。飲食店、醜業婦、自動車である。そのうち自動車に就いて、其自動車会社の支配人みた様な男はこんな話をした。

東京の自動車ですか。何でも地震前の二倍にはなって居ましょうよ。貨物自動車なんぞは無暗《むやみ》に殖《ふ》えたのですから、とても二倍や三倍じゃ利きますまいよ。一寸《ちょっと》した広い通りで、自動車屋の無い町は無いと云っていい位です。ガソリンも充分で、メートル売りも到る処にあります。修繕の道具や材料も充分で、おまけに運転手が供給過剰と来て居るのです。自動車屋はなかなか骨が折れて来ました。

震災当時、市役所では自動車の運転手を一日五十円で雇うと云う宣伝ビラを出しましたが、そんな事は昔の夢で、此頃東京府では運転手の試験を六ヶ《むずか》しくするそうです。矢張り供給過剰の結果でしょう。

面白いのは自動車が殖えた原因です。私共が商売柄睨《にら》んだところに依ると、乗合いや貨物が殖えたのは、所謂《いわゆる》世界の大勢って奴だろうし、個人持ちは、その大勢の外《ほか》にも一つは、「家を持って居るよりも、自動車を持って居る方がいい」と云う、地震以来の珍傾向ですね。いいえ、笑い事じゃありません。買いに来るお客がみんなそう云うのです。

地震後はスッカリ新しい自動車ばかしになりました。どの自動車もピカピカでいい気持ちです。一番流行して居る箱はパッカード型で、一番近代的でイヤ味が無いからでしょう。器械は米国のものを七分通り使って居ますが、最近では仏蘭西《フランス》ものも流行して居ます。それが全部小型なのです。箱の方は殆《ほとん》ど全部が米国製で、排日の影響などはちっともありません。

ガソリンは和製ので素敵なのが出来ます。舶来のに決して負けません。其代《そのかわ》り、舶来の最極上よりも二円位高いのです。しかもそれ丈《だ》けの事はあるのですから、此処《ここ》んところ和製大勝利でしょう。舶来ものでは米国の赤貝やソコニーなんぞが使われて居ますが、和製の青コーモリには何と云っても敵《かな》いません。飛行機なぞはみなこれを使って居ます。情ないのは和製の自動車です。鉄の弾力を持たせる方法が、第一、遠く及ばない処じゃ無い、てんでわからない上に、外国みたい大仕掛けでやる資本家が居ない。

日本第一の工作所の設備で一生懸命にやっても、一台作るのに一年位かかるだろうと云う話ですが、それじゃ全くお話になりません。米国では何分間に何台と云うのですから、競争どころかお笑い草です。

（八日発）

（『九州日報』一九二四年九月一一日。西原和海編『夢野久作著作集2　東京人の堕落時代』（葦書房、一九七九年）による）

VI

震災を回想する人々

下町のひとびと

佐多稲子

丸善の女店員のころ

新潟地震のとき、新聞やテレビを見ながらあれこれと察するのにいくらかの実感がともなうのは、自分が東京大震災にあっているからであった。東京大震災の話になれば、いつでも、あのときはねえ、というふうに熱を帯びてくる。それにつけても、今度の新潟地震で住宅から火の出なかったのは不思議なほどで、これは新潟の人たちのほめられてよい大きなことだろうとおもう。東京だったら、ということは今度たびたび言われたことだが、密集している東京をおもうと慄然《りつぜん》となる。大正十二年の東京は、今日ほど立て混んではいなかった。

あのとき私は、日本橋通三丁目の丸善《まるぜん》書店の階下にいた。現在丸善のある場所である。当時の丸善は三階か四階建ての古風におもむきのある洋館であった。私は女店員だったから、自分の売場の香水棚の前に立っていた。ちょうど昼前で、先番の店員が昼食に控室へ入っており、店は客の姿もあまりなく、静かないっときであった。地震だけは全く何の前ぶれもなしにやってくる。だから私は今でも、ちょっとの地震もその最初にこわい。どういう大きなことにもなり得《う》るということを経験しているからである。

あのとき突然震《ゆ》れ出した地震は、最初から激しかった。私は同僚のひとりと抱き合って店の中央に立ったまま、何か言いながらその大震れに身をまかせているしかなかった。高い棚に積んであった麦わら帽子の箱がぽんぽんと落ちる。私がいつも磨いているガラス張りの飾棚から、きれいに配置しておいた舶来の香水壜《こうすいびん》が次ぎ次ぎに飛んで落ちて石の床で割れる。大変なことになった、と私は恐怖の中でおもう。

中年の洋服の男が外へ出ようと門口へ向っているが、その足が宙に浮いてあやつり人形のように見える。建物全体が、がしゃっ、がしゃっ、と一定の幅で音を立てて大きく震れつづける。大地が震れるのにちがいないのだが、当時としては大きい方の鉄筋建築の丸善の建物全体が、ひとつの箱のように振りまわされている感じがした。ようやく最初の大震れが一応しずまったとき、みんな前の空地へ出ろ、と誰かの叫んだのを聞いて、私たちは肩を抱き合いながら正面の入口から外へ出ようとした。そのときちょうど、私たちの目前で、すじ向うの煉瓦建ての商社が、往来へ向って崩れ落ちたのである。

これを見たとき私は、ああ、これが大地震だったのだ、と自分に言い聞かせるようにおもった。というのは、その二、三年前から、大地震がくる、というのを、私たちは何となしに言い合ってきたのである。どこから予報が出たわけでもなかったとおもう。安政の大地震から何年ぶり、ということが言われるのはひとつの根拠だったかもしれないが、もうひとつ、二年前の大正十年に、たびたび地震があって、かなり強い震れもその中にはあった。そんなふうに地震がつづくので、これは大地震がくる前ぶれだと、言い合うことになったようにおもう。地震そのものは前ぶれなしにやってくるが、大地震がくるということには、あのときの東京の住人には予感はされていた、少くとも私たちのまわりでは、そう言い合っていたのであった。

火事と交通止め

今の高島屋の場所が空地になっていた。そこに私たちは一時集合したが、もうそのとき、日比谷の松本楼から火が出た、と伝わってきて、通りは騒然となっていた。京橋の手前で地割れに女の人が落ちて死んだ、とも伝わる。交通はもちろん絶切《とぎ》れた。方角の同じものは組を作って帰れ、ということになった。私は女二人男ひとりの三人連れで、とにかくわが家の方へ歩き出すことになった。

さっき私の目前で崩れ落ちた建物の煉瓦が、往来に積もっている。その上に立札がしてあって、この煉瓦の下にバスの車体が埋まっている、と書いてある。その煉瓦の上で、巡査がひとり手を振っている。埋まったバスの中に乗客がいるのかもしれない。日本橋の三《みつ》越《こし》の前を通るとき、横町のビルの高い窓からさかんな火が吹き出していた。しかしそれに対する人の注意は何もない。前日の雨があがって、薄陽《うすび》の射している正午すぎ、高い窓からさかんな火の吹き出るままだ、というのが、いかにも異常時のおもいであった。

通りはあわただしい人の往来なのだが、ほとんど人声はなかった。呆然《ぼうぜん》とではなく、みんな家族の安否など気づかっているのだろうが、馳け出したり、何かに集まったりというものではなかった。大きな恐怖にあって目を見張ったまま歩いているというふうであった。和泉橋のあたりでは、往来に家財道具を積み出したのもあったが、その荷の上に人がぼんやり腰をかけていた。

私たち三人は吾妻橋《あずまばし》まできた。私のほかの二人は浅草のさきの方へ帰る人だったが、そこから交通止めだ、と巡査がさえ切っていた。そのさきはもう火事になっていて、行かれないのだ。行く手を失った女友達は、そこではじめて泣き出した。私は向島《むこうじま》を通って寺島へ帰るのだが、吾妻橋はまだ渡れると巡査に聞くと、泣いている友達を男の同僚に頼んで、ひとり歩き出した。枕橋《まくらばし》で、大八車に荷を積んで引いている人がいる。こっちは駄目なのに、とおもったことを覚えている。

私は隅田川の堤へ出て、ようやく走り出した。土手下も火事になっているらしい。このあたりで、荷物を運び出す人の動きがそれなりに正気になっている感じがした。曳舟《ひきふね》の通りへ出るとひとつの橋の上で、ここでも巡査が両手でまねいて、早くこっちへ来い、火でせきとめられるぞ、と大声で呼んでいた。私はそこを走り抜けてわが家へたどりついた。

うちでは年寄りの祖母〔田島タカ〕が私の顔を見て、声を上げて泣き出した。わが家の貧しい長屋は半ば崩れ、家の中にはいられない。近所中が、そばの京成電車の停留所に寄り集っていた。幸いここでは火事が起らず、火の手も迫ってはいなかった。が、空には黒煙が蔽《おお》い、避難してくる人の流れが線路の上につづいている。その中に、舞台の扮装《ふんそう》のまま男衆に負ぶさってゆく役者の怪我人もある。浅草の劇場からでもきたらしく、お姫さまの扮装《ふんそう》で、赤い部厚なふさをつけた衣装の裾が垂れている。まっ白なつくりの顔が、死んだように横向きに目をつぶっている。薄陽の光線の中をゆくその姿は異様で、この世ならぬおもいがした。強い余震がときどき起っている。黒煙の蔽《おお》う空で太陽が赤黒く浮いていた。黒煙に吹き上げられて無数の紙片が空に舞う。

怜悧なおかみさん

暮れかけてきて、どこからともなしに伝わってきたのは、朝鮮人が井戸に毒を投げた、という噂《うわさ》であった。その井戸は近くだし、あっちでも朝鮮人が毒を投入する瞬間につかまえられた。そしてそれは打殺され川に投げられた、という。

さきに書いたように、私が帰ってくる途中で三人の交通巡査の働きがあったが、住宅のまわりで救援とか、避難の指導とかいうものはもちろんない。今夜、少しさきの空地へ避難した方がよい、というのは弟〔田島正人〕で、その弟はどこから持ってきたのか、私に、消防の持つとび口を一本握らせた。とび口のさきは鋭く、銀色に光って、それは重いものだった。弟はこれを私の護身用に、それも朝鮮人に対する護身用に握らせたのであった。つまり、こういう形で、いわばいち早く人心動揺のほこ先転化が計画されたので、弟の持ってきたとび口はしかるべき官筋から出たのにちがいなかった。が、このときの私に、そういう判断のつく力はなかった。

夜になって、私は年寄りを連れ、工場わきの空地へ逃れたが、そこには身ひとつでここまで逃れてきた老人夫婦もうずくまっていた。私は持っていた夜具の一枚を分けて、その一夜を心細く、とび口を抱いて地べたに坐《すわ》っていた。この空地の周囲で、いわゆる朝鮮人騒ぎが起っているからであった。

アラララ、と聞える高い叫び声は朝鮮語らしく聞える。竹刀《しない》でも激しく打ち合うような音も聞える。朝鮮人がこの大動乱に乗じて暴動を起したという筋書を疑う力もないから、空地の周囲の叫び声や、打ち合うもの音を、朝鮮人との戦いなのだ、と私はおもっていた。異常な経験の中にいるから特に恐怖というものもない。私にはむしろ、銀色に光るとび口の重さの方がものものしかった。

私はこのときのことをおもい出すたびに、同じ長屋で親しくしていたひとりのおかみさんの言った言葉を同時におもい出す。日頃から気性の勝った人だった。夫は旅まわりの劇団についてまわっている貧しい興行師で、その留守中、病人の舅《しゅうと》と幼い娘を自分の内職で養っている、そういう人であった。とにかく騒然とした一夜が明けて、長屋のものが半壊のわが家のまわりに寄り合ったとき、ひとりが自分のゆうべの恐ろしかった経験を話し出した。話し手の彼女は、一晩中朝鮮人に追いかけられて逃げて歩いた、というのだ。それを聞いたとき、興行師のおかみさんは、利口にその話を訂正した。彼女はこう言ったのである。朝鮮人が暴動を起したなんていったって、ここは日本の土地なんだから、朝鮮人よりも日本人の数の方が多いにきまっている。朝鮮人に追いかけられたとおもっていたのは、追われる朝鮮人のその前方にあんたがいたのだ。逃げて走る朝鮮人の前を、あんたは自分が追われるとおもって走っていたに過ぎない、と。

　私はこの訂正を聞いたとき、強いショックでうなずき、兼ねてのこの人への尊敬をいっそう強くした。全くそのとおりだとおもったし、しかもそういう判断にいっこう気づかなかった、ということにショックを受けた。

　あの動乱のとき、この怜悧《れいり》な判断を持ったのは、庶民の知恵というものだろうか。朝鮮人を特に軽蔑する感情もなく、むしろ同情する貧しい生活者の知恵というものだったろうか。これはたまたま私がこういう怜悧な人の言葉を聞くときに居合せたことだったかもしれない。多くの庶民があの流言蜚語《ひご》に迷ったも事実にちがいないのだから。

　私も見たのだが、近くのどぶ川にうつぶせに浮んでいたのは、町の住民に殺された朝鮮人の死体であった。工場街である寺島のあたりは朝鮮人騒ぎの大きかった所と聞いている。この問題は今日明らかになっていることだが、貧しい興行師のこの妻のような怜悧で正しい判断は、あの当時住民の多くは持ち得なかった。政府の流した蜚語は、大地震という自然の脅威におののいている住民の、異常な神経を煽《あお》った。このことは今日、多くの人が知っておく必要がある。

私のうちでは、年寄りがいっときも東京にいるのは厭だ、と言い出して、三日後には赤《あか》羽《ばね》駅あたりから汽車に乗って信州経由で姫路のさきの父親の勤務さき〔田島正文の住む相生〕へ逃げて行ったが、その間に東京はもっともっとひどい災難があった。火に取り囲まれて何万という人の死のあったことは衆知のとおりである。

私たちのようやく乗り込んだ列車は、屋根の上まで人がいっぱいだったが、駅の陸橋に頭を打って落ちる人も一人ならず出た。目前でそういう人の死があっても誰もぼんやり見ているだけであった。私の祖母が歩行中に気を失ったときも、私は大声を上げて助けを求めたが、そばをゆく誰も立どまりはしなかった。これは逆に私たちが助けを求められても、やはり同じだったろう。

汽車賃は無料であった。が、あのとき、流言蜚語をした政府が、そんなことをせず、秩序ある救援の方針を打出していたなら、あの大災害の陰惨さはもう少し救われていたにちがいない。このことは今日たしかに言われることだろうとおもう。

（『中央公論』第七九年第九号、一九六四年九月）

動物園異常なし

福田三郎

水にもぐったままのカバ

このたびの新潟地震について思い出されるのは、関東大震災です。大正十二年九月一日の午前十一時五十八分。私は動物園の事務室でいつものように机に向かって仕事をしていましたが、もう昼近いので、そのころ弁当を持参したので、弁当箱を開こうとする、とたんにぐらぐらときました。私は地震はあまりおそれない方ですが、あまり大きくゆれるので、思わず立ち上がって急いで事務所をとび出しました。ひょいと後ろを見ると、当時の動物園長・黒川義太郎《よしたろう》さんが、事務所から急いで出ようとしているところでしたが、事務所の玄関の屋根から瓦が落ちるのを見て、一時躊躇《ちゅうちょ》していて、瓦が落ちるのが静まったので玄関を出ていきました。その頃の事務所は、現在と同じ場所でしたが、もちろん木造でした。

事務所の前に、当時小さな池があって、その中にたくさん鯉《こい》を飼っていたのですが、その池の水が非常に動揺していて、大きな鯉がいくつも死んで浮いているので、驚きました。園長は沈着な方で、とっさに、「園内をまわって見よう」と言われたので、私は園長のあとについて園内を一巡しました。

すると、小鳥室の鳥籠《とりかご》が棚から落ちて、小鳥やオウムが、籠からとび出してバタバタと飛んでいるのです。この小鳥室は、正面がガラス戸で、後方と側面がかべになっているので、鳥は外に逃げることはできません。また表門のそばの便所が、半ばくずれているので、中に人がいるのではないかと、一つ一つのぞいてみましたが、幸いに誰もいませんでした。

カバ室のかべに亀裂ができ、カバは水にもぐっていました。このカバは、あの大きな身体をしていても、性質は至って臆病なので、地震と同時に水にもぐってしまい、その後一週間ももぐったまま、ときどき呼吸に鼻面を上げるだけで、水の底をぐるぐるまわっていて、餌《えさ》をやっても上がって来ないで、こわがっていました。また正門の大きな扉の右の柱にも、亀裂があったほかは、動物舎には異常がありませんでした。動物はこんな大きな地震にも、それほどおどろかないものらしく、ライオンも象も、べつに咆《ほ》えたりあばれたりはしていませんでした。

園長と私が、事務所に戻ってみると、前びらきの大きな戸棚から、薬びんが床にころがり落ちていました。この戸棚は現在でも動物園で使用しています。

園長は「さっそく、本館（当時上野動物園は宮内省帝室博物館の管轄で、その附属であったので本館といっていた）に、動物園は異常なしということをしらせてくれ」といわれたので、私は事務所から本館へ電話をかけようとしたが、通じません。私は急いで裏門から清水町の通りに出てみると、肩に風呂敷包をかついだり、重い荷物をもった人びとが、ぞろぞろと歩いていました。そのうち、「火事だ、火事だ」という叫び声があがり、みると本郷方面に煙が上がっているのでした。

それから私は本館に報告し、動物園にもどると間もなく、帝室博物館の大島〔義脩《よしなが》〕館長（前館長だった森鷗外先生が亡くなられて、大島館長は九月一日付で当日就任されたばかりでした）が、動物園を視察に来られました。動物舎の鉄のおりは頑丈にできていて、どこにも異常がなかったのは、本当によかったことでした。

私はその日、帰宅しようと裏門を出て、山下に出てびっくりしてしまいました。本所、深川、浅草方面の火事で、その避難民が、持てるだけの荷物を持って、ぞろぞろと、しかも着のみ着のままの姿で歩いているのです。なかには車に荷物を積んで引いている人もありましたが、もちろん電車もとまったままですし、たまに自動車は見ましたが、人の波で動かすこともできず、だれも乗っていないで放り出されたままでした。

餌に苦労する

当時私は、東京農科大学の畜産科を卒業して動物園に入って一年目で、飼育係の責任者となっており、独身の身軽さなので、それからは毎晩動物園に泊りつづけで動物の世話をしたのでした。夜、園内をまわって歩いていると、正門の側を通るとき「○○やーい。○○はいないかー」という声がきこえてきたりしました。

動物園の外のかべには、尋ね人や、立退き先の貼り紙がいっぱい貼ってありました。これは家族が離散して行く方がわからなくなったからです。

さて、一ばん困ったことは、動物たちの餌のことでした。当時、動物園の餌は、穀類や乾草のように貯蔵できるものはべつとして、その日に使用する肉類、野菜類の多くは、その日の昼頃までに商人が動物園にとどけるのです。九月一日には納品はちょうど地震の直前、十一時半頃とどけられてありましたので、その日一日は無事に餌をやることができましたが、二、三日経つと、猛獣たちにあたえる肉類、兎《うさぎ》がないのです。サツマ芋、ジャガ芋、菜などが納入されないのです。それで、サツマ芋の代りにカボチャ、トウモロコシが、また小鳥の餌の小松菜の代りにはヤマゴボウの葉を使用しました。

象や、馬、鹿、ラクダ、山羊《やぎ》などには、乾草もなくなったので、上野の山の木の枝や葉や草などをとってきてやりました。ライオンや、トラ、豹《ひょう》には、肉がこないので、観覧用の兎や、モルモットをやりました。水道が全部止ってしまったので、動物たちの飲料水には、現在動物園の正門のわきにある、クジャク室の運動場になっているところに掘り井戸があったのですが、その水を運んでやりました。この水はたいそうよく、またたくさん出て、助かりました。

話はもどりますが、余震がひんぱんにあったので、動物舎に異常があってはと、その警戒のために、関東戒厳司令部救護班ができ、兵隊が毎日動物園に泊って、園内の動物舎の裏側に立って動物の警戒にあたりました。けれども、だんだんその必要がなくなって、九月七日には、ときどき兵隊の巡回がある程度になりました。

小鳥をあずけにきた人

一方、上野、浅草、本所方面から避難して来た人たちが上野の山に集って、西郷さん〔西郷隆盛〕の銅像の側に常磐《ときわ》花壇という料理屋があってそこにも大ぜい避難していたのですが、これに飛び火したということで、動物園に入れてくれと正門におしかけてきたのです。ところが動物園には、猛獣もおり、いろいろ危険があるので、絶対に断わるほかはありません。しかし、万一、避難民が入ることを考えて、猛獣舎のまわりに、縄をはりめぐらして、警戒はしていました。幸いに常磐花壇の火は間もなく消えたので、人びとが園内に入ることなくすみました。

これはあとの話ですが、もし避難民が園内に入った場合、猛獣類は兵隊にたのんで全部射殺するという園長の覚悟だったそうです。そして、人々が園内に入ることになれば、あらゆる鳥たちは、きっと、人間の餌になってしまったであろうと話しあいました。

けれども、数日後、あちこちが焼けてきて、人々が一だんとはげしく右往左往する中を、小鳥の籠を持った人が動物園に来て、どうかこの小鳥を飼ってくれと置いていったこともありました。また園内の木に、オウムなどがとまっていたのを見ましたが、おそらくこれは、火事で逃がしてもらった鳥たちだったのでしょう。

その後、上野の山には避難民のバラックがたくさんできて、水道がないので、飲み水の不自由なことから、前にのべましたクジャク室の井戸水を、飲料水にするための人の行列ができて、その行列がみるみるうちに増えて、動物園の人たちの整理ではとてもやりきれず、警官にたのむような始末でした。動物園でもこの水だけがたよりになっていたのですが、水を求める人びとに上げないわけにはゆきません。それにしても、災害のさい、よい井戸が大切だとつくづく思います。

さて、上野動物園では、前述のように地震では正門と外部、それに便所くらいが破壊された程度で、これもすぐ修理ができたのですが、罹災者たちへの遠慮もあって、九月二日からずっと閉園していました。

しかし、市民の娯楽機関の全くなくなった当時は、上野動物園などは唯一の慰安所だったので、市民からなぜ開園しないかというような声がで、新聞紙上にもいわれるようになったので、いよいよ開園することにきめ、閉園してから約百日目の十二月十一日より二十五日まで、無料で開園することになったのです。

十二月十一日は開園と同時に、どっと入場者がおしかけ、当日は三千人の入場者を見たのでした。いつもでしたらやっと千人近くのころのことです。あの大災害に遇った人びとが、動物園が無事だったのを喜んでくれ、動物たちを眺めている姿をみて、私たちは何か胸があつくなったものでした。そして翌十三年一月一日から平常通り開園したのでした。

動物園は大丈夫

万一ふたたび東京に大震災があったら——動物園はこんども大丈夫かと、皆さん御心配と思いますが、私はもう現役をはなれておりますので、現在の上野動物園長・林寿郎《じゅろう》さんのお話をお伝えしましょう。

——動物が飛び出してご迷惑をかけるようなことは、絶対にありません。動物舎はますます頑丈にできているし、古くなったところは補強していますから。それに飼われている動物は、異常なことのあったばあい、日ごろ住んでいる場所を離れない習性があります。餌をくれて寝起きする場所が、一ばん安全なところと思っているのでしょう。馬小屋の火事のとき、馬は逃げ出せば助かるのに、小屋の中で焼け死ぬことがよくあるのは、このためです。

一ばんこわいのは火事ですが、動物園自体は、鉄やコンクリートでできているし、樹木が多いので、火事の心配はありません。ただ一つおそれるのは、人間が荷物をもって園内に逃げこんできて、それに飛び火することです。そんなことはないと思いますが、万一のばあい、荷物をかかえこんだ人間という名の猛獣に化さないかぎり、動物園の猛獣の方は大丈夫です。

それにしても、文明都市として、公園広場の面積が、これ以上せばめられないことが必要でしょう。

（『中央公論』第七九年第九号、一九六四年九月）

帝国ホテル健在なり

犬丸徹三

新館開業披露二分前

大正十二年九月一日、この日はライト氏〔フランク・ロイド・ライト〕が設計した帝国ホテル新館の開業披露が行われる日であった。総坪数九千五百坪（約三万一三五〇平方メートル）の壮大華麗なこの新館は、ライト氏が地震国日本においては不安定な高層建築は避けるべきだと主張して、耐震性と安定性に重点をおいて設計した。

五年九ヵ月の歳月を費やし、やっとその年の八月二十九日に完成し、三日後の九月一日の正午を期して披露の宴を開く手はずになっていた。当日は約五百人の朝野の名士を招待し、祝宴につづいて演芸場で余興を催す順序になっていた。支配人の私は早朝からその準備に忙殺されたが、正午に十分ほど前、支配人室に各部の主任を集めて、当日の心得について話していた。話を始めて間もなく、私はとつぜん、地鳴りの音を聞いたと思った瞬間、足元を突きあげられる激動を感じた。地震だ！　誰れかが叫んだ。思わず飛び出そうとする者、机の下にかくれるもの、多勢の主任たちは右往左往した。私はとっさに料理場のことが頭に浮んだ。こんな大地震では大変なことになる。料理場では火を使っているはずだ、火事になったらと、私は身の支えを失ったように揺れる部屋から料理場に急いだ。

料理場では祝宴用の調理の最中に地震が起きたので、大きなフライパンから油が揺れこぼれ、ストーブから炎が天井近くまであがっている。「火を消せ！」と私は怒鳴ったが、料理人たちは逃げたらしく、誰もいない。私は叫びながら料理場を見わたすと、隅のマナイタの下に三人の菓子職人がかくれていた。

「おい、早くみんなで火を消せ！」

ふるえている職人たちは手の下しようがない。当時のストーブでは電気ストーブ、スイッチは熱くてにぎれない。

「変電室のスイッチを切れ！」私は大声で叫んだ。ボーイが駆けつけてきて、

「支配人、メイン・スイッチですか、料理場のスイッチですか」私はこのボーイの言葉で助けられた。それまで、メイン・スイッチのことはぜんぜん頭になかったのである。私は早速、メイン・スイッチを切らせ、全館の電気を止めてしまった。電気を止めれば、たとえ火が出ても、水をかけようが、もう安心だ。

私はいくらか落着きをとりもどし、料理人たちを指図してストーブの火を消させた。そのとき、再び激しい地震が起った。みんなは初めのときほど慌てなかった。

火事を消しとめた教訓

幸いにも来賓の方々はまだ一人もお見えになっていなかった。当時は十二時のご案内を出しても定刻より十五分ぐらい遅れて来られるのが習慣になっていた。もしこの大地震が十七分遅れて、十二時十五分に起きたら、大変なことになったに違いない。

私は全館に火の気の心配がないことを知ると、ひとまず外に出たが、ふと、屋上のバンケット・ホール（宴会場）のことが気になり、ライト氏を助けた遠藤〔新《あらた》〕技師とあがって見た。そのとき第三震が激しく揺れ、ホールの天井から扇風機が落ちたりした。建物には心配ないと判ったので、再び外に出た。

ホテルのすぐ前、今日の東宝劇場の場所が、当時、東京電灯本社で、その木造三階の建物の窓から黒い煙がかすかに出ている。私は火事だ、と直感し、ホテルの従業員たちに「あの火を消せ！」と命じた。

ボーイたちはホースを持つと東京電灯の中に入っていった。私は消火栓をひねれば水が出るものと考えて、この大地震で水道管が駄目になっていることまでは気がつかなかった。ボーイたちが勇んでホースを握っているが水が出ないので、がっかり。私は開業祝のため日本式に紋つき羽織、袴だったので、こんな恰好《かっこう》では働けない。早速乗馬服と長靴の軽装に着替えた。ここでこの建物が廃失したら、私の一生の間にかかるホテルは絶対に建築不可能だとの考えが閃光《せんこう》のように脳裏にひらめいた。東京電灯の火はだんだん大きくなり、私たちの力ではどうにもならない。隣の愛国生命（現在の日本生命）の建物に火がついたら、帝国ホテルも危い。私はなんとしてでも火を消せ、水が出ないからだめだと言わずに、身体《からだ》で消せと命じた。

従業員たちは表玄関前の溜め池から水をバケツで運んだ。ホテルには掃除用のバケツが沢山ある。各部屋のシーツで応急のひもを作り、ツルベ式に水をあげ、滞在中の西洋人も手伝って、リレーで愛国生命に運んだ。

後年、私は戦争中防火演習の際、このときのことを思い出した。

とにかく、私たちホテルの従業員や、スカートを水びたしにしてバケツを運ぶアメリカ婦人たちの必死の努力で、愛国生命は類焼をまぬがれ、帝国ホテルも無事だった。

このとき、私は一つの教訓を得た。やってはならぬことは決してやるべきではないという教訓である。ライト氏が建築にはルールがある。余計なものは一切つけてはならないと、いつもやかましく言っていた。ところがその言葉を守らず、夏陽《なつび》を防ぐためにヨシズを張り、ヨシズの下にチョウチンを下げたので、これに火の粉がついたら一大事と、ヨシズを巻いてはずすのが命がけであった。

それから玄関前の溜め池のことである。これを造る、造らないで私とライト氏と意見の相違をきたした。溜め池を造られては狭くなるし、自動車の出入りに不便だ。その上、金もかかるからやめてくれと私は言った。ライト氏が落成前に帰国した原因の一つは、溜め池を造るのを止めてくれと言ったからで、彼は職を賭《と》して私と争ったのである。しかしあの溜め池がなかったら、愛国生命はもちろん、帝国ホテルも類焼していたに違いない。ライト氏も溜め池がこんなに早く役立つとは思わなかったかも知れない。私は震災後、自分の経験を生かし、家を建てたとき水道だけに頼らず井戸を掘った。息子の家にも掘らせた。今日、深刻な問題となっている東京都の給水制限にも困らない。

帝都の中枢神経となる

九月一日の三時頃から帝都は凄惨《せいさん》な火の海となった。深夜になると、日比谷公園、宮城前に避難民がぞくぞく押しよせてきた。

私は第一次世界大戦のとき、ヨーロッパで戦火にさまよう難民の群れを目《ま》のあたり見てきたので、この危局に際し、とるべき手をうつことにした。私は独自の判断で旧館の宿泊客の宿泊料を無料にし、外部からねぐらを求めてくる人も同様の取り扱いをした。食事はシチューのような簡単で量が多く出来るものと、にぎりめしを作った。

明けて二日、付近の火勢は少しも衰えず、建物がつぎつぎ焼け落ちていった。日比谷一帯は焼け野原となり、方々に余燼《よじん》がくすぶり、着のみ着のまま避難民の群れが、蹌踉《そうろう》としてさまよっているありさまは、今、思い出してもとても筆舌に尽しがたい惨状であった。

何千何万の避難民のことを考えると、なんとかしなければと思った。しかし、食糧を供するにもホテルの在庫ではとても間に合わない。幼児を背負っている婦人などをそっと裏口から入れて食事を与えたりした。

　私は幸運にも火災をまぬがれた帝国ホテルをこの際、最も有意義に使用すべきであると考え、いろいろ考えた末、帝都の市民にとってまず何よりも必要なのは、ニュースである。社屋が焼失し、取材活動も思うように出来ない朝日、電通などの新聞、通信社にロビーや空室を提供した。また英、米、仏、伊などの各国の大使館にも部屋を提供し、東京電灯、米子製紙、大倉組などの被災会社にも仮事務所を設置させた。

　二日の朝、私はアメリカの大使館が焼けたというので、ウッズ大使〔サイラス・ウッズ〕をホテルに連れてくるために急いで出かけた。途中、赤坂の大倉邸が心配なので、寄ってみると、大倉邸も焼け、門の前に一人の老爺《ろうや》が手拭で頬かぶりをし、着物の尻をはしょって、集古館〔大倉集古館〕の焼けるのを見ていた。それは大倉喜八郎翁であった。私は大倉翁を早速、ホテルに連れてきて、おかゆと目玉焼きの食事を差しあげた。少し元気になった喜八郎翁は、「この震災でわしは七千万円位のものを失ってしまった。しかし金はいくらでも取り戻せる。しかし、わしが一生かけて集めた集古館の美術工芸品が丸焼けになったのは実に惜しい。惜しいことをした……」と私に言った。

　私は食糧の確保が緊急であると考え、さっそくホテルの自動車で八王子方面へ野菜を集めにやった。これも無料で客や避難者に提供した。たちまちホテルは現金が欠乏した。大震災の前日は八月末日に当っていたので、私はホテルの金庫に当座の金だけを残し、あとの現金を銀行へ運ばせたので、地震と火災の混乱に巻きこまれ、食糧入手に奔走した三日目には、会計が八百円しかないと報告してきた。私は明日のことは心配するな、あるだけの金で食糧を買えと命じた。

　私は銀行が火災で焼失しても、ホテルには高田商会や大倉組の金持がいるから大丈夫だと思い、早速、高田商会の社長〔高田釜吉〕に借金を申込むと、

「犬丸君、君はモラトリアム（非常事態における支払停止令）になったことを知らんのか。貸してあげたいが、うちでも金が出せないで困っているんだ」と言われ、私は外務省に走った。その時の外務大臣秘書官は後の駐米大使谷正之《まさゆき》氏、情報部長は小村寿太郎《じゅたろう》の令息の欣一《きんいち》氏だった。私は率直に小村氏に借金を申し込んだ。小村氏は私の事情をきいて快諾され、自分の名義で手続をとってくれた。首尾よく一万数千円を借り出し、私は天にも昇る心地でホテルへ戻った。

　当時の一万円は米やイモや野菜を買っている分には相当の資金であった。そうこうしているとき、駐日米国大使のウッズ氏が、

「われわれも君を少し手伝いたい。一週間以内にアメリカから食糧を積んだ軍艦が到着するから、その中から君の欲する分を進呈したい」と申し出てくれた。

私はこの言葉をありがたく拝聴したが、正直に言うと、私の心は痛しかゆしであった。いうまでもなく、ホテルは営利事業である。いかにアメリカから食糧の寄贈を受けたとしても、際限なく無料サービスを続けたのでは経営が行き詰まる。アメリカの軍艦が横浜に入港すると、マッコーイ提督がホテルに来訪し、多くの食糧が贈られた。ホテルは無料サービスを続けた。私はこれに矛盾を感じた。第一に被災した各会社の首脳がホテルで無料の食事をとられることである。先方でも代金を払いたいのであろうが、多勢の人たちが、どの方が本当の被災者か区別がつかない。しかも一方、日比谷公園には多数の避難民が野宿をし腹を空かしている。たしかに大きな矛盾であった。第二に、横浜に住む在日米人がホテルに来て食事をし、帰りにはパンを一本ずつ持ち去る。これも妙な話である。

私はこれらの矛盾を解決するために、無料サービスはアメリカ大使館が指定するアメリカ人だけにし、その他の人から金二円の代金をいただくことにした。この代金でアメリカから供給された食糧を購入する形をとったのである。

震災でホテルが一番困ったのは糞尿の問題であった。水道はちろちろ出るが、飲料だけでとても水洗にまで廻《まわ》らない。幸い裏の方に空地があったので、夜中にかついで行っては埋めた。今日、東京都民は水道の水で大へん難渋しているが、都は水の問題もさることながら、糞尿の処理をもっと真剣に考える必要がある。大地震が再び東京に起きたら、断水と停電は覚悟をしなければなるまい。今日のように各家庭が電気冷蔵庫に頼っている生活をしているので、耐久的な食糧の保存はしていないし、大正の震災以上の食糧問題と混乱が起こるに違いない。

（『中央公論』第七九年第九号、一九六四年九月）

小田原全滅す

河野一郎

「地震加藤」の屋台崩し

大正十二年は、私が早稲田大学を卒業した年である。卒業後、私はしばらく職に就かず、東京の大森に、祖母と妹と三人で暮していた。

その日、私は神奈川県足柄下《あしがらしも》郡の実家に近い小田原市内の先輩の家を訪問していた。二階で先輩の家族と一緒に昼食をご馳走になっている時に、最初の震動がやってきたのである。

「危い！」と思った瞬間に、私は二階から階下へ、階段を駆けおりた。地震のさいに、二階家は「く」の字になって前へのめる。本当は二階の方が安全なのだが、それはあとで気がついたことだ。

襖《ふすま》や障子などの建具が音をたてて飛ぶ。階段の途中で、家は崩れ始め、私は柱につかまって階下へおりた。とたんに、私の上に梁《はり》が落ちてきた。私が助かったのは、私の横にあった長火鉢が、梁の重量を支えてくれたからである。

三、四十分、私は梁の下敷きになっていた。その間に、私は幼いころ、母に連れられて見た歌舞伎「地震加藤」の屋台崩しの場面を思い出した。いまでも、その時の恐怖感は忘れない。まったく、地震ほど恐ろしいものはないと思う。

ようやく建物の下からはい出してみると、震源地に近い小田原は、ほとんど全滅状態であった。私はただちに実家に向かって走った。

遠くから見ると、実家の大きなワラ屋根がそのままに残っている。無事だったのか、とかけこんでみると、実家はワラ屋根だけを残して全壊していた。が、家族は地震と同時に戸外へ飛び出していて、全員無事であった。

翌日になるとさまざまな流言が聞こえ始めた。東京は全滅した。朝鮮人が暴動を起した。井戸に毒薬が投げこまれている。婦女子が襲われている……。

東京にいる祖母と妹の安否が気づかわれて、私はいても立ってもいられない気持になった。三日の朝、私は自転車に乗って、東京へ向かった。

学生時代、私は陸上競技部に属していて、マラソンと駅伝の選手だったから、脚力には自信がある。暑さの中を、私はランニングシャツ一枚で、懸命にペダルをふんだ。

国府津《こうづ》では、線路の下の盛土が崩れて、レールが宙に浮いていた。平塚、藤沢、いずれも惨憺たるありさまである。人々は、列をなして西へ逃げていた。私は、その人波とは逆に東に向かって走った。
馬入川《ばにゅうがわ》では橋が落ちていた。私は自転車を抱えて、渡し舟に乗った。東京の空は、煙で暗く見えた。

小田原の実家を出てから、四時間ほどであったろうか。大森の自宅へ着いてみると、祖母も妹も無事であった。安堵の念で倒れそうになる身体を支えて、私はまた自転車にとびのった。

最初に、青山の友人の家へ――。そこから、淀橋《よどばし》にあった杉浦重剛《しげたけ》先生のお宅へ廻った。幸い、友人も杉浦先生もご無事だった。淀橋から、大森へ帰り、その夜は大森の自宅で眠って、四日の朝、私はまた小田原へ帰った。

のちに神奈川県会の県会議長となった私の父治平《じへい》は、当時、帝国農会の副会長、神奈川県農会の会長などを勤めていたが、この時の経験から、農家も耐震建築にしなければならないと考え、内務省に申し入れて農家建築のモデル設計をつくった。小田原の実家はこの設計に従って建てられている。

また、震災前、小田原あたりには瓦《かわら》ぶきの家が多かったが、震災後には、トタンぶきの家がふえた。地震のときの瓦屋根の危険性を痛感したからである。ところが、戦争後、また瓦ぶきの家がふえ始めた。私の考えでは、戦争の記憶が、関東大震災の記憶を遠くへ押しやり、ほとんど忘れさせてしまったからだと思う。

耐震性と地盤の関係

過日の新潟大地震のさい、私は新潟地震非常災害対策本部長として現地に飛び、被害状況を詳細に調査して、四十年前の大震災の記憶が、ふたたび生々しくよみがえってくるのを感じた。

新潟の地震を調べて、今後、もっとも重視しなければならないのは「地盤」の問題だと考えた。四十年前、小田原—東京間を自転車で走破した時、土地によって被害状況に大きな差があることに気がついていたが、その差を生み出していたものは、おそらく地盤の強さ、弱さだったのであろう。

新潟一体の土地は、信濃川《しなのがわ》と阿賀野川《あがのがわ》の合成沖積によってでき上った軟弱地盤である。竣工して間もない昭和大橋が落ちたことについて、設計上、あるいは施工上に手落ちがあったのではないかと取沙汰されたが、本当の原因は、昭和大橋のちょうど中央部の基礎が軟弱地盤にめりこんでしまった点にあった。中央部の基礎が沈んだために、両端に向かって連鎖反応的に基礎が崩れていったのである。

建造物の耐震性をいう場合、これまでは上部構造だけが問題にされてきたが、今後は基礎と、その基礎のたつ地盤に、もっと科学的な関心がはらわれなければなるまいと考える。そうした観点に立つ時、最近各地に行なわれている粗雑な宅地造成には、大きな不安を抱かざるをえない。

関東大震災の経験と、新潟大地震の経験を重ね合わせて考えるとき、そこに出てくるのは首都移転の問題である。

関東大震災の時の、朝鮮人暴動に関する流言と、それによって惹《ひ》き起された社会不安が教えているように、災害後の最初の問題は、正確な情報の管理と、治安の確立である。

現代はテレビ、ラジオの放送網が完備しているから、関東大震災当時のような混乱は起るまい。しかし、いまの日本において、行政機構、経済機構、マス・コミュニケーション機構の中心は、すべて東京に集中している。

したがってその中心部が破壊された時には、四十年前とはまた別種の混乱と麻痺《まひ》状態が予想されるのである。そうした危険を避けるためにも、行政機構の中心を、東京の外へ移すことは、緊急の課題となってきたのではないかと思う。

かりに、不幸にして東京が四十年前と同じような災害に襲われたとした場合、行政機構がその混乱の渦の中にまきこまれるのと、その渦を外から事態の収拾にあたるのとでは、行政力に格段の差が出てくるであろう。

オリンピックと風水害対策

今日では、だれでもが口にすることだが、関東大震災後、後藤新平伯の都市計画が実現されていたら、いまの東京はまったく様相を異にしていたに違いない。

東京都の住居面積に対して、道路面積の占める比率の低さは、世界の先進国中の最低である。たとえ、東京都の全道路の幅を二倍にひろげたとしても、一流国の足もとにも及ばないのだ。平常でも麻痺状態に近い東京の交通事情が、いったん大災害が起きた場合には、どのように混乱するであろうか。

地震において恐ろしいのは、建物の崩壊だけでなく、それに次いで起る火災と、電気、ガス、水道の途絶である。

現に、東京は未曽有《みぞう》の水飢饉に見まわれている。この上にさらに災害が加わるとすれば、そこに生まれる事態の重大さは想像に余りある。四十年前とは比較にならぬほど文化が進んでいるとはいえ、東京都がふたたび大地震に襲われた場合、そこには前とはまったく異質の、しかも深刻な混乱が予想されるのである。

これらは、大震災後、あるいは戦争後の東京の都市計画が、長期的な見通しを欠いていたことに起因している。が、そのことを悔いているだけでは問題は解決しない。

無計画な都市づくりから生まれた東京の混乱に、拍車をかけているものは、行政機構、経済機構の中心の過剰集中である。いまこそ、行政機構の中心部の移転について、根本的な方法を考えるべきときだと思う。

私は、いま、オリンピック開催中に東京が風水害などの災害に襲われた場合を想定して、どういう対策をとるべきかを関係者に検討させている。

災害は常に不慮のものである。しかし、東京が伊勢湾台風、キティ台風程度の規模の風水害に見舞われる危険性は、常に予想しておかなければならない。

前にも述べたように、戦争は関東大震災の記憶を一変させてしまった。あの不幸な新潟大地震は、忘れっぽい日本人に対する警告の意味を持っている。

災害の経験を無駄にしてはならない。関東大震災、新潟大地震の経験から、日本人はもう一度教訓を掘り起して、将来の不測の事態に備えなければならないと思う。

（『中央公論』第七九年第九号、一九六四年九月）

運命の電報命令

大川　博

一通の電報

大正十二年といえば、私が少年時代からあこがれていた国鉄に入って四年目、二十六歳の年であった。

私はその前年の四月の定期異動で、鉄道省東京鉄道局の調査課旅客主査（今の主任）を拝命し、十数名の部下と共に、旅客運輸収入の分析・審査や、帳簿監査の仕事を担当していた。

ちょうど大震災の頃、東京鉄道局では、管内各所において運輸帳票事務の講習会を開く計画が持たれ、八月三十日は横浜、三十一日は神奈川県の国府津《こうづ》、九月一日は群馬県の高崎というように、スケジュールがずうっと組まれていた。

私は、所管業務の関係で講習会の講師を仰せつかり、新橋運輸事務所の伊東という人と一緒に、横浜と国府津の講習会を担当することになった。

そこで、三十日横浜、三十一日国府津と講習を済ませたあとは、熱海に出て一泊し、翌九月一日に帰京する予定で、私は伊東君と共に出かけた。

まず三十日の横浜の講習をとどこおりなく済ませ、同夜国府津に着くと、はからずも本局から一通の電報が届いていた。それは、九月一日の高崎講習会を私の担当に追加するという命令であった。あとにして思えば、この一通の電報こそ、私の生命を大震災から救ってくれたわけだが……。

友人の遭難

八月三十一日、午前中に予定通り国府津の講義を終えた私は、前日の本局からの電命に従って、午後の汽車でただちに高崎に向かった。

九月一日、突如として例の大地震に見舞われたのは、高崎駅前の国鉄ホールで講義をしている最中であった。いったい何事が起きたのかと思ったが、なにしろあらゆる通信・交通機関が途絶したので、さっぱりわからない。

高崎では、やれ浅間山《あさまやま》が大噴火しただの、大島が爆発しただの、京浜地区一帯が海にのめり込んだだのと、いろいろな取り沙汰や臆測が乱れ飛んで、大騒ぎになった。それでも夜の九時頃になって、ようやく東京に大火災が起こっているという確報が入って来た。気が気でないが、どうしようもない。

翌二日朝、やっと動き出した汽車に乗り込んで、ともかく行けるところまで行ってみようと高崎を出発し、ずいぶん長い時間をかけ、いろいろな苦労をして、ようやく夜おそく東京の自宅にたどりつくことができた。

ところが、あとでくわしく判明したことであるが、三十一日に私と国府津で別れた伊東君は、前からの予定通り、その日は熱海におもむいて一泊し、翌一日の上り列車で帰京する途中、根府川《ねぶかわ》（熱海と小田原の間を流れている川）の河口にかかっている鉄橋で遭難してしまったのである。

そのとき根府川鉄橋では、地震の襲来と同時に下り列車が河口の海に転落し、上り列車も山津波による土砂崩れのために、前から四〜五輛目ぐらいまでが鉄橋下に埋まり込んだ。伊東君は後方の車輛に乗っていたが、急に停車したので、職掌柄なにが起こったのかを見届けようとして、列車から降りて前の方へ歩いて行ったところを山津波に襲われ、土砂にさらわれたらしく、その遺体は六ヵ月くらい後になって、ようやく掘り出された。

運命というものは、ほんとうに不思議なものである。もし私に高崎へ回るようにという本局からの電命がなかったら、私も伊東君と熱海行を共にし、したがって当然、翌日の根府川遭難に出会ったことは疑いない。またかりに本局からの電命が私でなく伊東君であったならば、遭難したのは私であり、高崎行で命びろいをしたのは伊東君であったのだ。

関東大震災といえば、この伊東君を想い出すことなしには語れないし、と同時に、人の生命などまったくわからないものだと、しみじみ思うのである。

治にいて乱を忘れず

さて、個人的な追懐はともかくとして、こんどの新潟地震でも痛感されたことだが、大きな天災地変が起きたときに最も困るのは、正確な情報が早く伝わって来ないということである。

新潟には、東映の事業場として、ホテルが一つと映画劇場が三つあるが、一体どれがどんな被害を蒙《こうむ》ったのか、人命に損傷はなかったのか、二、三日間は情報がつかめず、非常に気をもんだ。それでも、人命の被害はなかったという報告は、間接的にではあるが比較的早く伝わって来たが、建造物のほうは、劇場は信濃川《しなのがわ》に近いから水に埋まったとか、駅前から昭和大橋にかけては地盤が悪く、地面の陥没が激しいから、ホテル（駅前にある）はかなり傾いたとか、噂《うわさ》の伝わって来たルートの数だけ、何種類もの報《しら》せがもたらされたものである。

科学が長足の進歩をとげた今日においてさえ、そんな具合だから、関東大震災の頃はほんとうにひどかったであろう。当時は、もちろんテレビなど無かったし、ラジオすら始まっていなかった（ラジオの放送開始は大正十四年三月）。したがって新聞だけがたよりというわけで、その新聞が止まったら、あとは人の噂以外に情報を知るよすががない。

高崎での人々の取り沙汰については前に書いたが、東京でも同様で、評論家の中島健蔵さんが書かれた『昭和時代』という本にも――当時、高等学校の生徒であった中島さんは、世田谷区駒沢の自宅で地震に会われたとのことだが――「二日目の朝になると、いくらか様子がわかって来た。といっても、情報は大かた出たらめで、伊豆の大島が大爆発で影も形もなくなってしまったというような噂がつたえられ、ほんとうのことはさっぱりわからなかった」という一節がある。

そんなことから、人心の動揺につけ込んで種々の流言飛語が横行し、朝鮮人が暴動を起こしてやって来るとか、井戸に毒が投げこまれたなどというデマが、まことしやかに伝わって、自警団が組織され、殺気だった空気が街に満ち、人々を不安に陥れた。

現代では、もうそんなことはないだろうが、とにかく災害のときなど、一刻も早く正確なニュースを流して人心の安定をはかるような、コミュニケイション・ルートを整備することが、必要と思われるのである。

それから、もう一つ肝心なことは、平凡なことではあるが、やはり治にいて乱を忘れずの心構えで、平素から物心両面の準備をしておくことだ。〝災害は忘れた頃にやってくる〟とか〝備えあれば憂いなし〟とも言われているように、天災そのものを防ぐことは人為の及ぶ限りでないが、物心両面の準備があれば、第二次・第三次の災害の派生は、かなり防げるはずである。

関東大震災は、午前十一時五十八分に来た。ちょうど昼食の用意に火を使っていた時刻であり、このため倒壊した家屋に燃え移って、各所で火の手があがったという。このときの経験が〝地震が来たら、直ちに火の元を消せ〟という教訓になって、強く人々の間に残っている。

新潟地震は午後一時二分。火を使っている家庭の少ない時刻だったから、幸いにして昭和石油の化学火災以外に火事は起きなかった。しかし、関東大震災と新潟地震における大火発生の有無は、単に地震が襲来した時刻の差という偶然のみによるであろうか。かりにそうだったとしても、こんな偶然なら、人々の注意によって動かすことができるであろう。このような例は、ほかにもまだいろいろあると思う。

わが国の場合、関東大震災をはっきり経験した人は少なくなって来ているとしても、戦争中に空襲の経験をした人は、まだまだ沢山いる。こういう人たちは、突然なにかの災害が押し寄せて来ても、ひとりでにそれに対処して身構える第二の本能が、どこかに温存されているに違いない。

しかし「のど元すぎれば、熱さを忘れる」の譬えもある。戦後二十年ともなれば、空襲を知らない人がどんどん増えて来ているばかりでなく、震災や空襲を体験した人々も平和に馴《な》れ、平穏を当然のこととして疑わず、日々の生活を享受しているかも知れない。何かの機会に時々は、こんな場合にはどうしたらよいかという眼で、自分の身辺を眺めまわして見ることが必要だと思うのである。

（『中央公論』第七九年第九号、一九六四年九月）

編者解説

石井正己

本書を編んだ意図について

今から一〇〇年前の大正一二年（一九二三）九月一日、関東大震災が起こった。相模湾北西部を震源地とするマグニチュード7・9の地震で、相模湾沿岸などでは最大震度7に達した。震源地の近くでは激震による倒壊や津波による流失があったが、東京や横浜の大都市では火災による焼失が甚大だった。その結果、死者・行方不明者一〇万五〇〇〇人、全壊・焼失家屋五七万戸、被災者総数三四〇万人に及んだ。

写真が普及していたので、被災の様子がまざまざと伝えられた。おびただしい絵葉書も作られて、市場にあふれた。動画も残され、強風にあおられて火災が広がったこともわかった。近年そうした画像の分析が行われ、写された時間や場所の特定も進んだ。一方で、被災の悲劇を誇張するあまり、画像の加工や捏造があったことも明らかになっている。しかし、そうした画像では人々の声は聞こえず、心をうかがい知ることはさらに難しい。

その際に、文豪たちが書いた文章が貴重な証言として意義を持つのではないか。多くの作家が首都圏や湘南に住んでいて、誰もが被災者だった。すでに夏目漱石と森鷗外は亡くなっていたが、大正文壇には華やかなスターが揃っていた。出版社は社屋や印刷所の被災を乗り越えて、一〇月と一一月に震災特集号を組み、文豪たちはそれに応えるようにおびただしい文章を書いた。その盛行ぶりは、ジャーナリストの宮武外骨が「地震文士」（『震災画報　第六冊』半狂堂、一九二四年）と揶揄するほどだった。

だが、そうした寄稿は商業戦略に乗った行為にすぎない、と批判されるかもしれない。実際、小説家の里見弴《とん》は原稿料を被災者に寄付することにしたと宣言した（「噂する本能（震災覚書その四）」『改造』第五巻第一〇号、一九二三年一〇月）。それでも、彼らはプロなので、どの文章も文体や思想が個性的で、読みごたえがある。データばかりの行政の記録は調べるのに役立っても、読めるような文章でないのとは対照的である。

また、それらは個人的な体験にすぎない、と言われるかもしれない。過酷な震災を前にして、文学など意味がない、と考える人も多いだろう。しかし、災害をデータで捉えるかぎり、人々が置かれた細やかな状況は見えてこない。一軒であってもそこに家族があり、一人であってもそこに人生があることを忘れてはならない。災害弱者を見捨てないと言うのは、たぶんそういうことなのではないか。

そこで、本書では、文豪たちが書いた文章の中から、珠玉の三一編を厳選した。被災から復興の歩みも視野に入れたが、六つのテーマに分けることで、震災が抱えた課題を意識化したいと考えた。ⅠからⅤは震災後にリアルタイムで書かれた文章を載せたが、Ⅵは四一年後の回想を載せて、そこから五九年後の今につなげることを試みた。以下、各章の意図を明かしつつ、各文章の文豪と内容を解説してゆく。

Ⅰ　詩人たちの関東大震災

震災が起こったとき、西条八十、三木露風らの詩、北原白秋、若山牧水らの短歌、荻原井泉水《せいせんすい》らの俳句が残された。まとまったものとしては、詩話会編『震災詩集　災禍の上に』（新潮社、一九二三年）、西条八十〔ほか〕著『散文詩集　噫《ああ》東京』（交蘭社、一九二三年）、アララギ発行所編『大正十二年震災歌集　灰燼集』（古今書院、一九二四年）がある。本書ではそうした詩歌は載せなかったが、巻頭に三人の詩を置くことにした。それぞれ、伝統文化の喪失、朝鮮人の虐殺、復興への意志をテーマとし、震災が抱えた課題を象徴すると考えたからである。

永井荷風（一八七九～一九五九）は小説家。日記『断腸亭日乗』に、麻布市兵衛町（現・港区）の偏奇館での被災生活を書いた。しかし、体験記を寄稿することはなく、アンケートに「快活なる運河の都とせよ」（『女性』第四巻第五号、一九二三年一一月）を回答しただけだった。「震災」を収録した詩集『偏奇館吟草』も発表は遅かった（『来訪者』筑摩書房、一九四六年）。震災によって江戸と明治の文化が失われたという認識はすでに定説である。

しかし、歌舞伎役者の九代目市川団十郎から小説家の森鷗外までの一〇名が逝去し、そこに震災が起こったという認識に立って、自らを「明治の児」と呼ぶのは独自の境地である。

萩原朔太郎（一八八六～一九四二）は詩人。「近日所感」は朝鮮人の虐殺を詠む。九月初旬、親戚を見舞うために、列車や荷車などを乗り継いで、群馬の前橋から上京している。だが、そのことがすぐにこの詩に結びつくわけではない。「その血百里の間に連なれり」は誇張された表現だが、朝鮮人の虐殺によって大量の流血があったというのは鮮烈だ。それは体験や事実を超える詩の力になっている。朝鮮人の虐殺を詠んだ詩としては、他に、歌人・詩人の釈迢空（折口信夫）の「砂けぶり」（『日光』第一巻第三号と第五号、一九二四年六月と八月。後に『日本雑歌集』（芸文社、一九四七年）に収録）がある。

武者小路実篤（一八八五～一九七六）は小説家。震災は宮崎の新しき村で知った。上京する途中で京都に寄り、帰洛した志賀直哉から、元園町（現・千代田区）の生家は全焼したが、老齢の母・秋子《なるこ》は無事に避難したことを聞く。画家の河野通勢《こうのみちせい》と生家跡を見に行くが、後に公開された日記（『気まぐれ日記』新潮社、一九二六年）には東京の記述がない。だが、「附録」に詩があり、そこから抜き出したのが「用意はいいか」である。この詩は貧乏画家から被災者支援の不平等さを聞いて憤慨しつつ人間が生きる意義を説いていて、実篤の積極的な楽天主義がよく出ている。なお、「平和な心をもて」は「附録」では「危険思想をもつな」だった。

Ⅱ　災害を見つめる文豪たち

被害の状況は、同じ東京でもずいぶん違った。下町低地は広く焼失したが、山の手台地は麴町（現・千代田区）の焼失を除けば被害が少なかった。湘南では家屋の倒壊が激しく、津波にも襲われた。しかし、文豪たちの中で家屋の焼失や家族の死去にあった者は少なかった。それでも、震災の恐怖を体験した当事者だったという点で例外はなく、被災者を代表する。箱根の谷崎潤一郎は地滑りにあい、福井の宮本百合子は強い揺れを感じたが、京都の志賀直哉は微弱地震に気づかず、宮崎の武者小路実篤、中国・ハルビンの山田耕筰、ドイツのミュンヘンの斎藤茂吉は新聞で知る。そうした中から六人を取り上げた。

室生犀星（一八八九～一九六二）は詩人・小説家。市外の田端（現・北区）で被災した。「日録」は後に「震災日録」（『庭を造る人』改造社、一九二七年）と改題し、本文に削除が見られる。妻のとみ子が駿河台（現・千代田区）の病院で朝子を出産した後で地震が起こり、上野公園で再会している。その後、妻子を故郷の石川に送り出す算段をするが、うまくいかなかった。結局、犀星は自身も含めて、家族で金沢に移住することになる。これについて、「郷里あるものの此《こ》の弱き心せんなけれ。――行きて己《おの》が身にふさわしき暮しを為《な》さんかな」と述べた。故郷がある者の多くは、いったん東京を離れたのである。

泉鏡花（一八七三～一九三九）は小説家・劇作家。「露宿」は『女性』に載った後、『七宝の柱』（新潮社、一九二四年）に収録された。下六番町（現・千代田区）で被災し、赤坂離宮前の広場に避難した。鏡花自身が小用に便所を借り、大商店の貨物の番をする男女がキスをしたというエピソードを書くことも忘れない。震災を怪異として捉え、「白い風呂敷の裂けめは、四角にクワッとあいて、しかも曲《ゆが》めたる口である。結目《むすびめ》が耳である」と避難者の荷物を描いたのは、他の追随を許さない。この作品を書いている最中に水上滝太郎と吉井勇がやって来るという構成も巧みで、震災文学の白眉と言える。

ポール・クローデル（一八六八〜一九五五）はフランス駐日大使で詩人・劇作家。飯田町（現・千代田区）で被災して、駆けつけた横浜の惨状を目のあたりにし、東京のフランス大使館が焼けたことを聞いた。その動きは本国に送った外交書簡「九月一日の関東大震災」（奈良道子訳『孤独な帝国　日本の一九二〇年代』草思社、一九九九年）がすっきりまとめている。「炎上する二都市を横断して」は、むしろ、東京と横浜の大災害を見て考えた日本文化論になっている。「私は不平の声ひとつ耳にしなかった」というのは美化しすぎていて、横浜で起こった掠奪を見えなくする危険性があるが、外国人が書いた文章としては類例がない。

久米正雄（一八九一〜一九五二）は小説家。震災の文章としては「鎌倉震災日記」（『改造』第五巻第一〇号、一九二三年一〇月）があり、英文学者の厨川白村の死去を知って、蝶子夫人を見舞ったことも見える。しかし、「震水火の只中に」では鎌倉を襲った流失と倒壊と焼失を追うようにしてまとめている。長谷観音の高台に上って海水が引くのを見て、津波が来ることを予測して鐘を撞こうしたが駄目だった、という証言は注意される。久米は自分の借家が地震と海嘯《つなみ》と火事の真ん中にありながら無事だったとまとめるが、この文章はそれ以上に「震水火」という鎌倉の震災の特質を見事に伝えている。

谷崎潤一郎（一八八六～一九六五）は小説家。箱根から乗合バスで帰る際に地滑りが起こったが、九死に一生を得て助かった。谷崎は母親譲りの地震嫌いなので、恐怖のほどが察せられる。家族のいる横浜に戻ろうとするが、東海道線が不通で、静岡の三島から沼津に出て、汽車で大阪に行った。そこで寄稿したのが「全滅の箱根を奇蹟的に免れて」だった。その後、神戸から船で横浜に帰り、東京に避難した妻子と再会し、関西に移住する。関西の生活で王朝古典の世界に親しみ、『細雪』（一九四九年）などが生まれた。震災によって人生や作風が変わった作家としては、まず第一に谷崎を挙げなければならない。

志賀直哉（一八八三～一九七一）は小説家。「震災見舞（日記）」は、京都で地震を知って、信越線回りで東京に向かい、麻布の実家に着くまでをまとめる。長野の軽井沢、群馬の高崎と進むにつれて、朝鮮人騒ぎが激しくなることを書いた。志賀は半信半疑だったが、大手町で若者が「こう云う時でもなけりゃあ、人間は斬れねえと思ったから、到頭やっちゃったよ」と語るのを聞いた。人道主義に反する災害犯罪が起こったことを示唆する。だが、それを聞いた自身について、「ひどい奴だとは思ったが、不断そう思うよりは自分も気楽な気持でいた」と述べ、感情が麻痺していたことを告白する。

Ⅲ　被災を書く女性たち

大正は女性雑誌の時代を迎えていた。女性読者が現れただけでなく、女性作家が増えた。北原糸子は『婦人世界』『婦女界』『婦人公論』『主婦之友』『女性改造』が震災特集号を組んだことを取り上げた（『関東大震災の社会史』朝日新聞出版、二〇一一年）。同じ震災を扱っているので、それぞれの雑誌の特色がよく表れた。執筆者に女性も含まれ、氏名はわからないものの女性記者の活躍も目立つ。震災は女性の社会運動を加速させただけでなく、女性作家を育てる土壌にもなった。ここには女性五人の文章を載せた。

小泉登美はどのような人か不明。「被服廠跡遭難の記」は、三万八〇〇〇人が亡くなった本所（現・墨田区）の被服廠跡で生き残った人の証言である。避難場所にあたる空き地に大勢の人々が逃げ込み、火災旋風に巻き込まれた恐怖は筆舌に尽くしがたい。それ以上に過酷なのは、生き残ったにもかかわらず、ひどく差別されたことではないか。小泉は「はい、私は生きます」と宣言して、生き抜く。今では当たり前のように見なされているトリアージでさえ、その是非が問い直される。記録に残された公的な機関よりも、災害弱者に寄り添うところにこそ真の救済があることを教えてくれる。

野上彌生子（一八八五～一九八五）は小説家。市外の日暮里（現・荒川区）で被災し、近くの公園に避難して、降ってきた紙片から大学図書館が燃えていることを知った。図書館では三五万冊とも七〇万冊ともされる書物が焼失してしまった。「燃える過去」では、イギリスの劇作家バーナード・ショーの『シーザーとクレオパトラ』（一九〇一年）の一節を思い起こす。エジプトのアレキサンドリア図書館の焼失をめぐって、シオドタスの「焼けているのは人類の記憶です」と、シーザーの「廃墟で未来を建設するのだ」の対立を引き合いに出した。そこには文化財の損失に関わる思想的な対立が顕在化している。

与謝野晶子（一八七八〜一九四二）は歌人。麴町で被災し、外濠の土手で二晩野宿をしたが、家は無事だった。そのときのことを「休みなく地震《なゐ》して秋の月明にあはれ燃ゆるか東京の街」などと詠み、そうした震災詠を整理して、歌集『瑠璃光』（アルス、一九二五年）に入れた。だが、駿河台の文化学院に置いていた『源氏物語講義』の原稿を焼失してしまった。その後悔を語ったのが、「大切な原稿を土ふかく埋めておけばよかった」だった。焼失の悲しみを、「十余年わが書きためし草稿のあとあるべしや学院の灰」、「失ひし一万枚の草稿の女となりて来《きた》りなげく夜」と詠んだ。

厨川蝶子は英文学者・厨川白村の夫人で、父は明治の新聞記者・福地桜痴（源一郎）だった。白村は神奈川県鎌倉に別荘を持っていたが、地震で家が倒壊した。二人で高台に避難しようとしたが、白村は左脚を切断して歩行が難しく、津波に巻き込まれた。蝶子は植木屋に助けられた白村を看病したが亡くなり、棺桶を作って仮の埋葬をした。その経緯は

「悲しき追懐」（『女性』第四巻第五号、一九二三年一一月）が詳しい。「哀しみの追憶より」では、それを補足するように、遺骨を抱いて京都に帰る前夜、努力家・白村の人生を回顧し、シングルマザーとして子供たちを育て、夫の主張を生かす決意を表明した。

原阿佐緒（一八八八～一九六九）は歌人。不倫問題で騒がれた歌人で物理学者の石原純と千葉県保田（現・鋸南町）の高台に建てた靉日荘《あいじつそう》で被災した。『女性』の「再生の歓び」の欄に載った「保田で拾った生命」は、海岸の家が倒壊し、多くの人が避難してきたことを書く。保田は避暑地だったので、避難者は土地の人ではなかった。怪我の治療をし、食料を用意したが、交通が杜絶して物資が不足し、復興の気分も盛り上がらなかった。『歌集うす雲』（不二書房、一九二八年）に、「ひとびとはつなみのおそれしづめがてに暗き丘びに海をまもれる」などの震災詠を残した。だが、まもなく純と別れ、靉日荘を去った。

Ⅳ　虐殺を悲しむ文人たち

この震災では少なからぬ虐殺事件が起こった。よく知られるのは、アナーキストの大杉栄、内縁の妻で社会運動家の伊藤野枝、甥の橘宗一の虐殺である。内実はともかく、この事件は軍法会議にかけられて報道され、多くの人が知るところとなった。一方、「朝鮮人が放火する」「朝鮮人が井戸に毒を入れる」などという流言がまことしやかに語られ、扇動された人々が多くの朝鮮人を虐殺したことはすぐに報道されなかった。朝鮮は日本の植民地であったため報道が規制され、虐殺の実態が究明されることはなかった。その後の調査によれば、その数は六〇〇〇人を超えるとされる。ここには虐殺をめぐる五人の文章を載せた。その際に、「鮮人」などの差別語・差別表現については、歴史的な意味を考えるために原文通りとした。

内田魯庵（一八六八～一九二九）は評論家・小説家。「此頃の大杉の思出」（『読売新聞』一九二三年一〇月二～六日、八日）を書き、『思い出す人々』（春秋社、一九二五年）に収録する際に「最後の大杉」と改題・改稿し、「追記」を添えた。魯庵は大杉栄と特に親しいわけではなかったが、最後の一ヶ月を市外の淀橋（現・新宿区）の同じ番地で暮らした。近所づきあいの中で接した大杉は、アナーキストというより子煩悩な父親だった。割愛した「追記」では大杉が警察のスパイだったという噂を否定した。「甘粕対大杉事件」（『大正大震火災誌』改造社、一九二四年）で甘粕正彦事件を検討したが、伏せ字が多く、重要な点が伝わらない。

平塚らいてう（雷鳥。一八八六～一九七一）は女性運動家。伊藤野枝はらいてうが創刊した雑誌『青鞜』の編集・発行を引き継いだが、それが廃刊の原因にもなった。「私の見た野枝さんという人」は、野枝の相反する性格は「自然な感情の力」によるものだと捉えた。「三度《みた》び夫をかえ」は親が決めた末松某、英語教師のダダイスト・辻潤、大杉栄との関係を言い、「二人の子供を捨て」は辻との子・一《まこと》と流二を置いて家を出たことを指す。この文章は『婦人公論』の「殺された野枝さんの事」の欄に載り、後に「自然女伊藤野枝さん」（『平塚らいてう著作集　第3巻』大月書店、一九八三年）に改題された。

橘あやめ（一九〇〇～二九）は大杉栄の一番下の妹で、虐殺された宗一の母親。「憶い出すまま（栄兄さん夫婦と宗坊のこと）」は、一番上の兄で親しみが持てなかった栄に比べて、野枝は信頼が厚かったと書く。あやめには「親切な野枝姉さん」（『婦人公論』第八年第一二号、一一月・一二月合併号）もあり、やはり「殺された野枝さんの事」の欄に載る。こちらは、野枝の手紙を引きつつ、栄と野枝が鶴見の避難所にいる弟の勇を訪ね、そこにいた宗一を引き取ろうとしたことが見える。あやめはアメリカから帰国して入院していたが、結核の治療のためだったことがわかる。

中西伊之助（一八八七～一九五八）は労働運動家で作家。朝鮮で新聞記者を務めたこともあった。「朝鮮人のために弁ず」は、朝鮮人虐殺事件がなぜ起こったのかを考察し、平易な言葉で女性読者に訴えた。「不逞鮮人」という言葉は日本による植民地統治の中で政治や新聞が作り上げたものであるとした。そうした「黒い幻影としての朝鮮人」を払拭し、朝鮮の人々をよく見て親しくつきあえば、自ずから理解されると説いた。志賀直哉が「震災見舞（日記）」で、朝鮮人虐殺を止めるために柳宗悦に書いてもらおうと考えたのは、このような内容の文章ではなかったかと思われる。

吉野作造（一八七八～一九三三）は政治学者。「朝鮮人虐殺事件に就いて」は、意外にも、いち早く発表された。「親交ある一朝鮮紳士」は朝鮮YMCA監事の崔承萬《チェスンマン》を指し、彼からの聞き取りと当局の説明によって虐殺事件の原因を考えた。「責任ある××が、この流言を伝播し且《か》つ之《これ》を信ぜしむるに与《あずか》って力あった」という伏せ字の「××」には「官憲」が入ると思われる。民衆の暴動の背後に政治権力があると見て、「今度の災厄に於ける罹災民の筆頭に来る者は之等《これら》の鮮人でなければならない」と主張した。吉野はさらに罹災同胞慰問班の調査結果を「朝鮮人虐殺事件」として発表しようとしたが、果たせなかった。

V　悲劇を乗り越える作家たち

人々は被災したにもかかわらず、少しでも余裕のある者は凄惨な焼失地域を見て歩いた。そこに野次馬的な好奇心がなかったとは言えないが、鮮烈な現実を知らなければならないという義務感もあったにちがいない。文豪たちも同様で、竹久夢二はスケッチを描き、寺田寅彦は焼跡を調査し、夢野久作は東京の風俗を取材するなどした。それぞれの立場や関心は異なるが、そうすることによって自身の体験を超える現実を見つめ、震災に対する思想を構築する。そこには、今日言う復興対策や防災対策に還元できないような手探りの模索が含まれる。ここには七人の文章を載せた。

芥川龍之介（一八九二〜一九二七）は小説家。市外の田端で被災し、その様子は「大震前後」（『女性』第四巻第四号、一九二三年一〇月。後に『百艸』〔新潮社、一九二四年〕で「大震日録」と改題）が詳しく、芥川は夏目漱石の書一軸だけを持って避難しようとした。「大震雑記」は、自然の異常から感じた地震の予言、洒脱な言葉を残した幇間の貼り札、避難者が作る絆とその後の裏切り、足を伸ばし手を組んだ焼死体の真実、噂に翻弄される善良なる市民、生活の過剰を作る芸術について述べる。震災体験を踏まえた批評だが、どの話題も複眼的な視点を持ち、他の文豪の文章と比べて読むことができる震災論になっている。

菊池寛（一八八八～一九四八）は小説家・劇作家。「災後雑感」は、「雑感」というように、短い中でも内容が多岐にわたる。日本橋から本郷へ帰るときに被災し、九死に一生を得たことも見えるが、中心は文芸無力論で、食う物を自分で作る百姓を評価している。そこで浮かび上がったのが、新しき村で活動する武者小路実篤だった。だが、こうした考えに対しては、親友・芥川龍之介の「大震雑記」だけでなく、批判が殺到した。菊池は室生犀星のように東京を離れることも考えたが、妻の出産や雑誌『文藝春秋』の再刊を考えて、東京に残る選択をした。

竹久夢二（一八八四～一九三四）は画家・詩人。大正ロマンを代表する画家だが、震災後の東京の焼跡を歩いて、多くのスケッチを残した。竹久みなみ監修『竹久夢二「東京災難画信」』（港屋、二〇一五年）で、「自警団遊び」などの名作を見ることができる。「新方丈記」では、焼跡を歩きながら小動物や小さな草木を目にしつつ、鴨長明の随筆『方丈記』を思い起こした。『方丈記』は災害があるたびに思い出されてきた古典だが、夢二はこの大震災を前に新たな創作を試みた。帝国になった日本は商業主義や唯物主義に走ったが、これからは生き方の再認識が必要になると考えた。

寺田寅彦（一八七八〜一九三五）は物理学者で随筆家。筆名は吉村冬彦。震災前後の動きは「震災日記より」（『橡《とち》の実』小山書店、一九三六年）として公開された。上野の二科展会場で被災し、震災特別委員会委員になって、東京市内・横浜・小田原などの焼跡を調査している。「石油ランプ」は震災の当日に投函し忘れた原稿で、郊外の別荘で使うために石油ランプを探したが、電灯が普及して見つからなかった経験を書く。自然災害やストライキが起こってガス・水道・電気が止まったらどうするのかと、文明に依存した生活に警鐘を鳴らす。寺田の指摘は時代を超えた真理を突き、これまでも災害があるたびに読まれてきた。

宇野浩二（一八九一〜一九六一）は小説家。「三百年の夢」（『新潮』第三九巻第四号、一九二三年一〇月）で、下町が焼けたのに、自分の住む上野桜木町（現・台東区）は電灯・水道・商店が平常で、同じ東京でも全く違うことを指摘した。「蓄音機と徳利搗とトタン板の音」は『中央公論』の「バラック生活を観て」の欄に載り、後に「バラック住居」（『文学的散歩』新潮社、一九二四年）に改題した。上野公園は下町を眺め、夜警に出て、散歩する場所で、バラックの生活を観察した。蓄音機を鳴らして男たちが玄米の徳利搗きをするのは独身者バラックではないか、と想像した。それはたくましく復興する人々の姿だった。

柳宗悦（一八八九～一九六一）は民芸研究家。白樺派の関係で、志賀直哉の「震災見舞（日記）」にも見えた。志賀は、『朝鮮とその芸術』（叢文閣、一九二二年）を出した柳に、朝鮮人虐殺を阻止する文章を書いてほしいと頼んだようだが、柳が『女性改造』に書いたのは「死とその悲みに就て」だった。収録した『信と美』（警醒社書店、一九二五年）には「関東大震災の折、書き記せし一篇」とある。これは柳の思想家としての一面を示す文章で、「死から脱《のが》れ得ない人間の運命が如何《いか》にして救われるか」を考え、「それは帰る事なき旅ではなくして、その旅が帰りの旅である」という見方を提示した。災害死からの心の救済を考えた文章は、他になかなか見つからない。

夢野久作（一八八九～一九三六）は小説家。震災直後は九州日報社特派員として東京の惨状を取材し、一年後はフリーライターとして東京の世相を報告した（西原和海編『夢野久作著作集2　東京人の堕落時代』葦書房、一九七九年）。前者は杉山泰道《やすみち》、後者は杉山萠圓《ほうえん》の署名を使い分けた。「一年後の東京」は、東京を見て、「復興し過ぎたもの」は「飲食店、醜業婦、自動車である」と述べ、自動車を取材して、乗合や貨物はともかく、個人の所有は「家を持って居るよりも、自動車を持って居る方がいい」と考えた結果だとした。視線はさらに東京の暗部に向かい、続いて「街頭から見た新東京の裏面」「東京人の堕落時代」を書いた。

Ⅵ　震災を回想する人々

昭和三九年（一九六四）九月、『中央公論』は「関東大震災の日＝その体験と教訓」を特集し、正力松太郎・水谷八重子（初代）ら二〇人の文章を載せた。その中から五人の回想を選んだ。実は、六月一六日にマグニチュード7・5、最大震度5の新潟地震が発生し、石油タンクの爆発火災、信濃川の昭和大橋の落下が起こり、死者二六人、損壊家屋七万棟以上の被害があった。関東大震災を思い出したのは、次の大災害が起きたときだったことになる。あわせて、吉野作造の「遺稿・朝鮮人虐殺事件」を載せた。これは二六一三人の虐殺を記録するが、震災後の検閲で発表できなかった。姜徳相《カンドクサン》・琴秉洞《クムビョンドン》解説『現代史資料6　関東大震災と朝鮮人』（みすず書房、一九六三年）で公開され、それを再録した。

佐多稲子（一九〇四〜九八）は小説家。貧困の中で職業を転々とし、震災時は丸善に勤めていた。作家としての地位を確立して「下町のひとびと」を書いた。日本橋で被災した後、市外の寺島（現・墨田区）に帰るが、長屋は半壊していた。そこで起こったのは「朝鮮人が井戸に毒を投げた」という噂だった。長屋の井戸端会議で「一晩中朝鮮人に追いかけられて逃げて歩いた」と言う者がいたが、興行師の妻が「追われる朝鮮人のその前方にあんたがいたのだ」と論破された。実に見事な庶民の感覚で、こういう怜悧な判断ができなかったことを悔やんだ。その後、家族は父・田島正文が勤める兵庫の相生に避難した。

福田三郎（一八九四～一九七七）は、「動物園異常なし」の掲載時、前上野動物園飼育課長／東京動物園協会嘱託だった。震災時は上野動物園飼育係の責任者で、動物たちの餌に苦労したこと、井戸水は避難民に出したが、園内に入れなかったことなど、関係者しか知り得ない思い出を記す。「もし避難民が園内に入った場合、猛獣類は兵隊にたのんで全部射殺する」という覚悟があったという。そのときはそうした事態に至らなかったが、福田は戦時中に猛獣類の殺処分を行うことになる。『動物園物語』（駿河台書房、一九五三年）などの著書がある。

犬丸徹三（一八八七～一九八一）は実業家。世界各地のホテル勤務を経て、帝国ホテルに入社、「帝国ホテル健在なり」の掲載時は帝国ホテル社長だった。震災時は帝国ホテル支配人で、九月一日は世界一流の建築家フランク・ロイド・ライトが設計した二代目本館の開業披露の日だった。地震があって全館の電気を止めたこと、新聞社・通信社・各国大使館に部屋を提供したこと、食糧の確保に奔走したこと、糞尿の処理に困ったことなど、現場での対応を書いた。日本ホテル協会会長を長く務めて、日本のホテルの向上に尽力し、『ホテルと共に七十年』（展望社、一九六四年）の著書を残している。

河野一郎（一八九八～一九六五）は政治家。「小田原全滅す」の掲載時は国務大臣・オリンピック担当で、翌月に東京オリンピックを控えていた。秋なので、オリンピックの風水害対策が急務だった。小田原で被災したが、学生時代マラソンと駅伝の選手だったので、自転車で東京に向かい、途中の被災状況を見た。冒頭に引いた「地震加藤」は河竹黙阿弥作の時代物で、新歌舞伎十八番の一つ。建造物の基礎構造と軟弱地盤に関心を払うこと、行政・経済・報道の機構を地方に移転することなど、実務的な話題について述べている。『明日の日本をつくる』（知性社、一九六三年）などの著書がある。

大川博（一八九六〜一九七一）は実業家。「運命の電報命令」の掲載時は東映社長だった。震災時は鉄道省東京鉄道局の調査課旅客主査として、講習会の講師を担当していた。群馬の高崎で被災したが、前日まで一緒だった友人は根府川鉄橋で山津波を受けて遭難した。電報による会場の変更がなければ死んでいたのは自分で、人の運命はわからないと考えた。後半に引用した「治にいて乱を忘れず」は『易経』にある言葉で、平穏無事なときにも、万一のことを考えて準備を怠らない、という意味。『この一番』（東京書房、一九五九年）などの著書がある。

本書から学ぶことについて

こうして見てくると、文豪たちが書いた文章は個々の体験にすぎないが、その表現力によって、時に災害の現場に読者を引き連れてゆく。小説家の田山花袋が、記録や新聞は「記述と説明で、描写はしていないから、何《ど》ういうことがあったということは知れても、本当の光景や感じや気分はわからない」（『東京震災記』博文館、一九二四年）と批判したことが思い出される。文豪たちが書いた文章は、描写に力を入れたのだということがわかる。

震災時はすでに映像の時代になっていて、おびただしい資料が残された。写真はインパクトも強烈であり、状況をリアルに伝えるので、一見してわかったような気になってしまう。しかし、被災状況を明確に分節するには言葉が必要である。その言葉を豊かに保存しているのは、やはり文豪たちが書いた文章ではないか。歴史学者は批判するかもしれないが、それらは第一級の歴史資料だと言っていい。

また、Ⅵの回想を除けば、「すぐに火を消せ」といった言葉は見られないことに気がつく。そうした意味で言えば、本書はすぐに役立つような教訓を残しているわけではない。だが、一度読んだら忘れがたい印象を残し、そこから震災を学び、現状に即しつつさらに考えるべきことが多く見つかるのではないか。震災を自分自身の問題として考えるのに、これ以上の本はない、と言っておきたい。

実は、関東大震災の風化は早く、その年の内に始まっていた。里見弴は『白酔亭漫記』（新潮社、一九二四年）に収めた「「あの時」の子供たち」（初出不明。一九二四年二月）で、「震災の話も、もう飽き飽きした」と述べ、大阪の芸者や仲居たちに嫌われたと書く。実際、あれだけ興奮して震災特集号を組んだ雑誌も、年の内にすっかり日常の話題に戻っている。そのため、文豪たちがさらに震災を追究することがなかったのは惜しまれる。

今、日本のみならず、世界の災害が激甚化しているように見える。それは、自然の変化が激しくなったばかりでなく、人間の文明が高度に発達してきた結果かと思われる。文明が高度になれば、災害を抑止できる側面もあるが、それに依存しているぶんだけ、時に予測を超えるような巨大災害を引き起こす。関東大震災の被害が大きくなったのは、文明開化を進めた結果だったと考えてみる必要がある。

ひとたび首都直下地震や南海トラフ地震による巨大災害が起これば、その影響は計り知れず、被災地だけの問題では済まない。そうしたことを考えるとき、もし寺田寅彦が生きていたら、何と言うだろうか、と想像してみたい。きっと、「自然の災害の為に、スマホが使えなくなるような場合が起ったらどうだろう」と言うにちがいない。そんなふうにして、日本全国の方々が本書を発展的に読んでくださるなら、これ以上うれしいことはない。

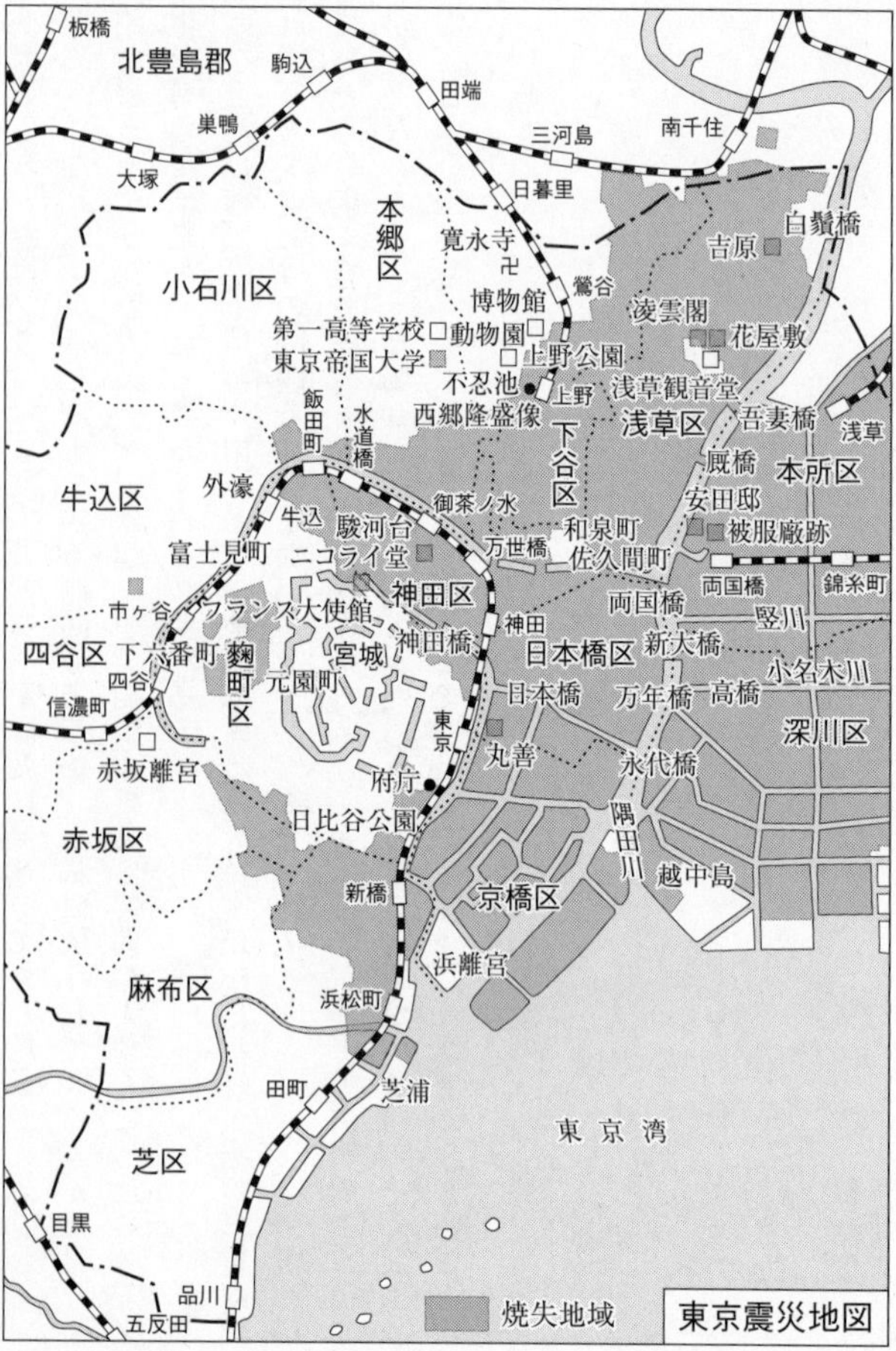
板橋
北豊島郡
駒込
田端
巣鴨
三河島
南千住
大塚
日暮里
本郷区
寛永寺
白鬚橋
吉原
小石川区
鶯谷
博物館
凌雲閣
第一高等学校
動物園
花屋敷
東京帝国大学
上野公園
不忍池
浅草観音堂
上野
飯田町
水道橋
西郷隆盛像
下谷区
浅草区
吾妻橋
浅草
外濠
厩橋
本所区
牛込区
御茶ノ水
安田邸
牛込
駿河台
和泉町
被服廠跡
富士見町
ニコライ堂
万世橋
佐久間町
両国橋
錦糸町
神田区
市ヶ谷
フランス大使館
両国橋
竪川
神田
神田橋
日本橋区
新大橋
四谷区
下六番町
麹町区
宮城
小名木川
四谷
元園町
日本橋
万年橋
高橋
信濃町
東京
深川区
丸善
永代橋
赤坂離宮
府庁
隅田川
日比谷公園
赤坂区
越中島
新橋
京橋区
浜離宮
麻布区
浜松町
田町
芝浦
東京湾
芝区
目黒
品川
五反田
焼失地域

東京震災地図

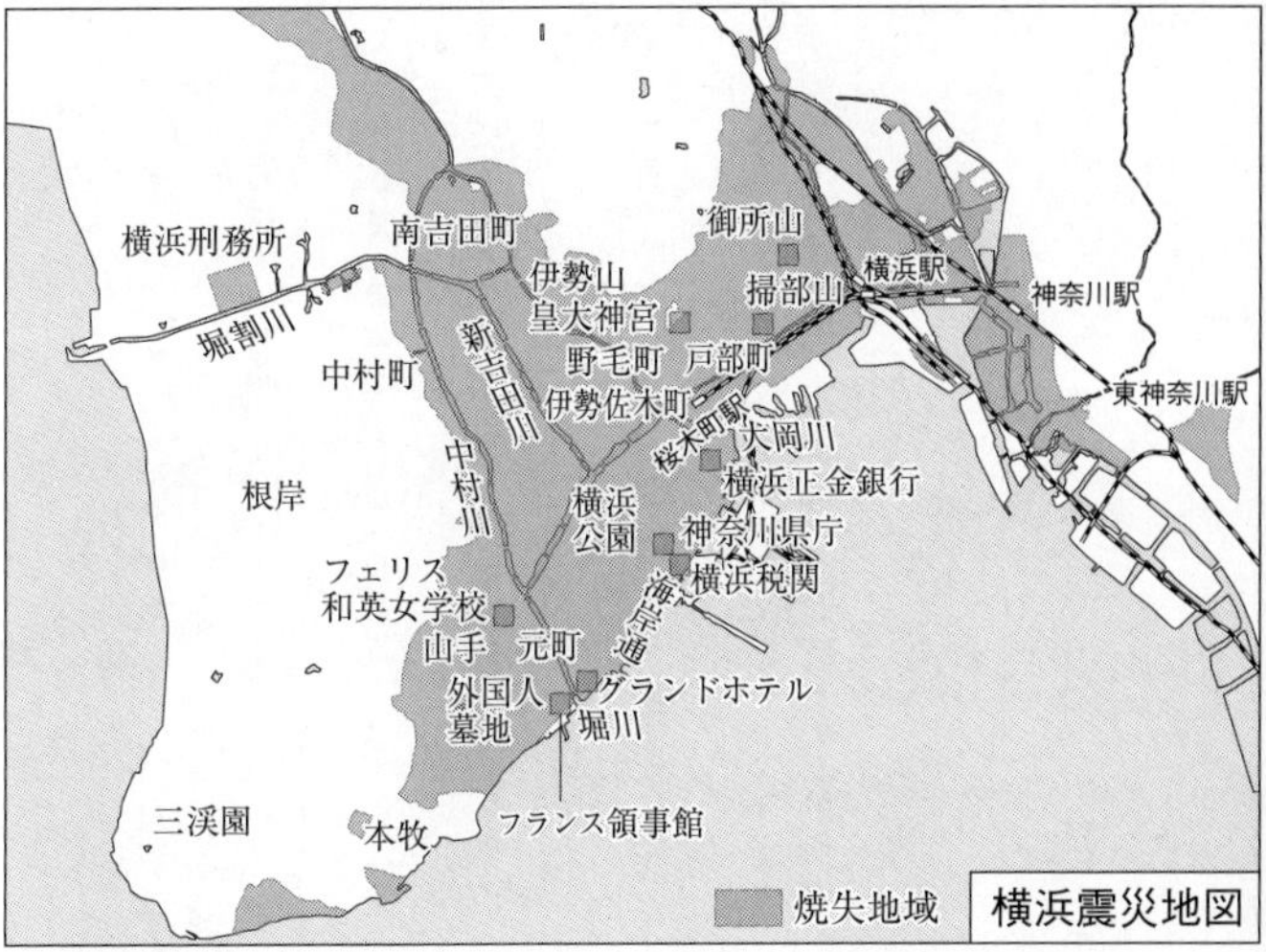
横浜震災地図
焼失地域
横浜刑務所
南吉田町
御所山
伊勢山
皇大神宮
掃部山
横浜駅
神奈川駅
堀割川
中村町
新吉田川
野毛町
戸部町
伊勢佐木町
東神奈川駅
桜木町駅
大岡川
中村川
横浜正金銀行
根岸
横浜公園
神奈川県庁
フェリス和英女学校
横浜税関
海岸通
山手
元町
外国人墓地
グランドホテル
堀川
三渓園
本牧
フランス領事館

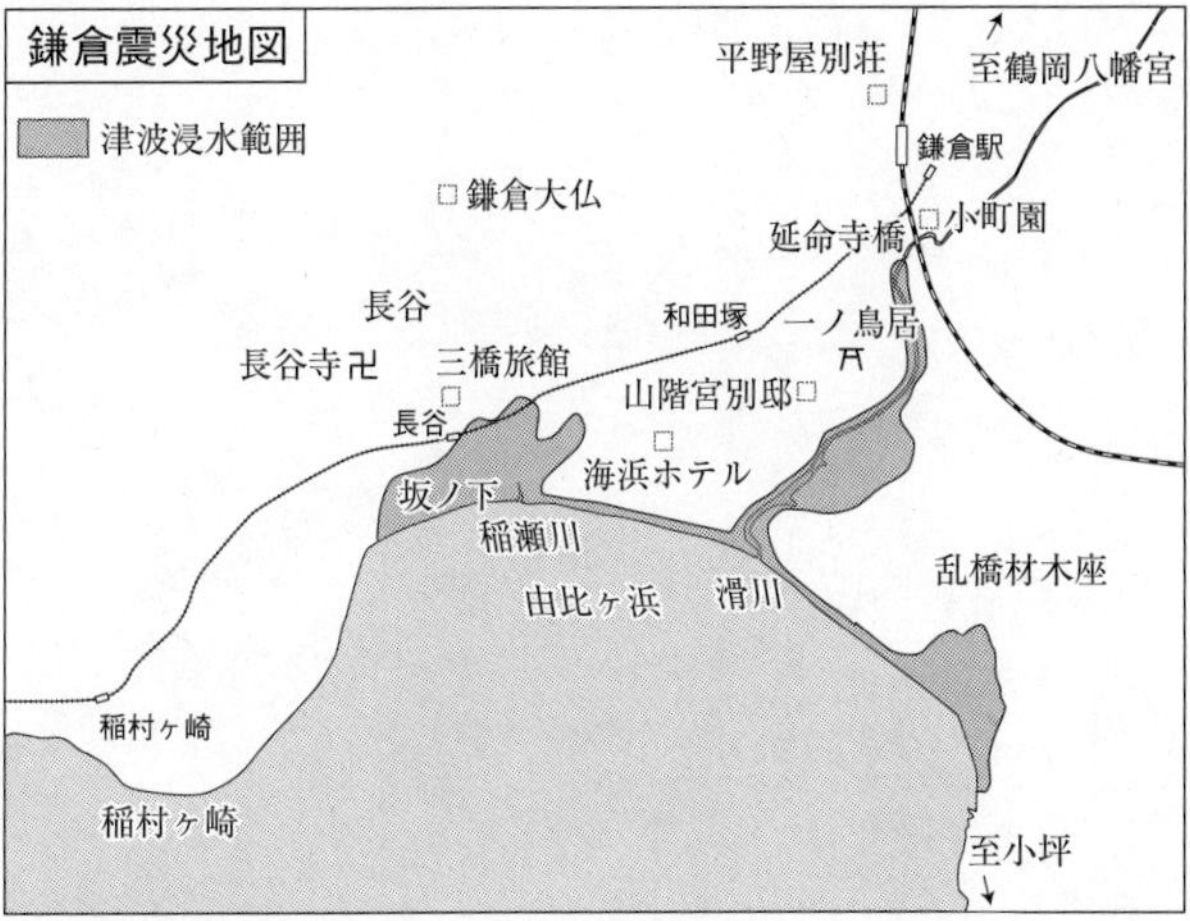
鎌倉震災地図
津波浸水範囲
平野屋別荘
至鶴岡八幡宮
鎌倉駅
鎌倉大仏
小町園
延命寺橋
長谷
和田塚
一ノ鳥居
長谷寺
三橋旅館
山階宮別邸
長谷
海浜ホテル
坂ノ下
稲瀬川
乱橋材木座
由比ヶ浜
滑川
稲村ヶ崎
稲村ヶ崎
至小坪

本書は中公文庫オリジナルです。

初出・底本は、各作品末尾に記しました。

底本の正字は新字に、旧かなは新かなに改め、適宜ルビを補いました。また、明らかに誤植と思われる箇所は訂正しました。

読解の助けとなるように、〔　〕内に編者による注記を入れました。

本文中に、今日の人権意識に照らして不適切な語句や表現が見られますが、執筆当時の社会的・時代的背景と作品の文化的・史料的価値、著者が故人であることを考慮して、そのままとしました。

中公文庫

関東大震災《かんとうだいしんさい》 文豪《ぶんごう》たちの証言《しょうげん》

2023年8月25日 初版発行

編　者　石《いし》井《い》 正《まさ》己《み》

発行者　安部 順一

発行所　中央公論新社

〒100-8152 東京都千代田区大手町1-7-1
電話 販売 03-5299-1730 編集 03-5299-1890
URL https://www.chuko.co.jp/

DTP　ハンズ・ミケ
印　刷　三晃印刷
製　本　小泉製本

Published by CHUOKORON-SHINSHA, INC.
Printed in Japan ISBN978-4-12-207399-9 C1195

な-52-7
文豪と女 憧憬・嫉妬・熱情が渦巻く短編集
長山靖生 編
無垢な少女から妖艶な熟女まで。鷗外、花袋、荷風、漱石、谷崎、安吾、太宰らが憧れ翻弄された女性を描く。主人公の生きざまから近代日本の「女の一生」がみえる。
206935-0

な-73-1
麻《あざ》布《ぶ》襍《ざっ》記《き》 附・自選荷風百句
永井荷風
東京・麻布の偏奇館で執筆した小説「雨瀟瀟」「雪解」、随筆「花火」「偏奇館漫録」等を収める抒情的散文集。初の文庫化。〈巻末エッセイ〉須賀敦子
206615-1

な-73-2
葛飾土産
永井荷風
石川淳が「戦後はただこの一篇」と評した表題作ほか、短篇・戯曲・随筆を収めた戦後最初の作品集。久保田万太郎の同名戯曲、石川淳「敗荷落日」を併録。
206715-8

な-73-3
鷗外先生 荷風随筆集
永井荷風
師・森鷗外、足繁く通った向島・浅草をめぐる文章と、自伝的作品を併せた文庫オリジナル編集。巻末に谷崎潤一郎、正宗白鳥の批評を付す。〈解説〉森まゆみ
206800-1

な-73-4
小説集 吉原の面影
永井荷風／樋口一葉
広津柳浪／泉鏡花
荷風に誘われて遊里をゆく。永井荷風「里の今昔」、樋口一葉「たけくらべ」、広津柳浪「今戸心中」、泉鏡花「註文帳」を収録。文庫オリジナル。〈解説〉川本三郎
206936-7

は-28-2
二魂一体の友
萩原朔太郎
室生犀星
北原白秋主宰の雑誌投稿で出会い、生涯の親友にして好敵手となった二人。交流を描いたエッセイ、互いの詩集に寄せた序文等を集成する。文庫オリジナル。
207099-8

た-30-29
潤一郎ラビリンスⅠ 初期短編集
谷崎潤一郎
千葉俊二 編
官能的耽美的な美の飽くなき追求を鮮烈に描く「刺青」など八篇、反自然主義の旗手として登場した若き谷崎の初期短篇名作集。〈解説〉千葉俊二
203148-7

た-30-30
潤一郎ラビリンスⅡ マゾヒズム小説集
谷崎潤一郎
千葉俊二 編
「饒太郎」「蘿洞先生」「続蘿洞先生」「赤い屋根」など五篇。自らマゾヒストを表明した饒太郎、そのきわめて秘密の快楽の果ては……。〈解説〉千葉俊二
203173-9

各書目の下段の数字はISBNコードです。978－4－12が省略してあります。

た-30-31
潤一郎ラビリンスⅢ　自画像
谷崎潤一郎
千葉俊二編
神童と謳われた少年時代、青春の彷徨、精神主義からの堕落、天才を発揮し独自の芸術を拓く自伝的作品「異端者の悲しみ」など四篇。〈解説〉千葉俊二
203198-2

た-30-32
潤一郎ラビリンスⅣ　近代情痴集
谷崎潤一郎
千葉俊二編
上州屋の跡取り巳之介はお才に迷い、騙されても欺れてもこりずに追い求める。谷崎描く究極の情痴の世界「お才と巳之介」ほか五篇。〈解説〉千葉俊二
203223-1

た-30-33
潤一郎ラビリンスⅤ　少年の王国
谷崎潤一郎
千葉俊二編
子供から大人の世界へ、現実から夢へと越境する少年を描いた秀作。「小僧の夢」「二人の稚児」「小さな王国」「母を恋ふる記」など五篇。〈解説〉千葉俊二
203247-7

た-30-34
潤一郎ラビリンスⅥ　異国綺談
谷崎潤一郎
千葉俊二編
谷崎の前半生を貫く西洋崇拝を表す「独探」、白楽天や蘇東坡の漢詩文以来の物語空間を有する西湖を舞台に描く「西湖の月」等六篇。〈解説〉千葉俊二
203270-5

た-30-35
潤一郎ラビリンスⅦ　怪奇幻想倶楽部
谷崎潤一郎
千葉俊二編
凄艶な美女による凄惨な殺人劇「白晝鬼語」ほか、日本探偵小説の先駆的作品ともいえる、怪奇・幻想の世界を描く五篇を収める。〈解説〉千葉俊二
203294-1

た-30-36
潤一郎ラビリンスⅧ　犯罪小説集
谷崎潤一郎
千葉俊二編
日常の中に隠された恐しい犯罪を緻密な推理で探る「途上」、犯罪者の心理を執拗にえぐり出す「或る罪の動機」など、犯罪小説七篇。〈解説〉千葉俊二
203316-0

た-30-37
潤一郎ラビリンスⅨ　浅草小説集
谷崎潤一郎
千葉俊二編
谷崎が幼児期から馴染んだ東京の大衆娯楽地、浅草。芸術論に明け暮れ、猥雑な街に集う画家や歌唄い達の哀歓を描く「鮫人」ほか二篇。〈解説〉千葉俊二
203338-2

た-30-38
潤一郎ラビリンスⅩ　分身物語
谷崎潤一郎
千葉俊二編
芸術的天才の青野とその天分を羨やむ大川の話、Aは善の、Bは悪の小説家。又は西洋と東洋など自己の内なる対立と照応を描く三篇。〈解説〉千葉俊二
203360-3

た-30-39
潤一郎ラビリンスXI 銀幕の彼方
谷崎潤一郎
千葉俊二 編
映画という芸術表現に魅了されその発展に多大な期待を寄せた谷崎。「人面疽」「アヱ・マリア」他、映画に関するエッセイ六篇を収録。〈解説〉千葉俊二
203383-2

た-30-40
潤一郎ラビリンスXII 神と人との間
谷崎潤一郎
千葉俊二 編
小田原事件を背景に、谷崎・佐藤・千代夫人の関係を虚構を交えて描く「神と人との間」ほか、「既婚者と離婚者」「鶴唳」を収める。〈解説〉千葉俊二
203405-1

た-30-41
潤一郎ラビリンスXIII 官能小説集
谷崎潤一郎
千葉俊二 編
恋愛は芸術である——人間の欲望を束縛する社会の制約をはぎ取って官能の熱風に結ばれる男と女の物語「熱風に吹かれて」など三篇。〈解説〉千葉俊二
203426-6

た-30-42
潤一郎ラビリンスXIV 女人幻想
谷崎潤一郎
千葉俊二 編
思春期を境に生ずる男女の美の変化、天成の麗質に研きをかける女性的美への倦むことのない追求を描く「女人神聖」「創造」「亡友」。〈解説〉千葉俊二
203448-8

た-30-43
潤一郎ラビリンスXV 横浜ストーリー
谷崎潤一郎
千葉俊二 編
〝美しい夢〟の世界を実現すべく映画制作に打ち込む主人公を描く「肉塊」、横浜時代の暮しぶりを回想したエッセイ「港の人々」の二篇。〈解説〉千葉俊二
203467-9

た-30-44
潤一郎ラビリンスXVI 戯曲傑作集
谷崎潤一郎
千葉俊二 編
〝読むための戯曲〟として書いた二十四篇のうち「恋を知る頃」「恐怖時代」「お国と五平」「白狐の湯」「無明と愛染」の五篇を収める。〈解説〉千葉俊二
203487-7

し-55-1
日曜日／蜻蛉《とんぼ》 生きものと子どもの小品集
志賀直哉
志賀直哉は生きものや子どもを好んで書き、普遍的な名品を多く生んだ。これらの作品を集めた短篇集『日曜日』『蜻蛉』を合本とし二十四篇を収録。〈解説〉阿部公彦
207154-4

の-1-3
秀吉と利休
野上彌生子
愛憎半ばする交わりの果てに迎えた宿命的破局——そこにいたる峻烈な人間関係を綿密重厚な筆で追求した絢爛たる巨篇。女流文学賞受賞作。〈解説〉山崎正和
207169-8